T0228658

# En la LUZ de SU PRESENCIA

# ANNE GRAHAM LOTZ

## *En la* LUZ *de* SU PRESENCIA

### ORACIONES QUE NOS ACERCAN AL CORAZÓN DE DIOS

ORIGEN

Penguin
Random House
Grupo Editorial

Título original:
*The Light of His Presence: Prayers to Draw You Near to the Heart of God*

Esta traducción es publicada bajo acuerdo con Multnomah,
sello editorial de Random House, una división de Penguin Random House LLC.
Publicado en asociación con Alive Literary Agency,
7680 Goddard Street, Suite 200
Colorado Springs, CO 80920
www.aliveliterary.com

Primera edición: febrero de 2021

© 2020, Anne Graham Lotz
© 2021, Penguin Random House Grupo Editorial USA, LLC.
8950 SW 74th Court, Suite 2010
Miami, FL 33156

Traducción: María José Hooft
Adaptación del diseño de cubierta de Connie Gabbert y Joseph Perez:
Penguin Random House Grupo Editorial
Foto de cubierta: Cortesía de la autora

Todas las citas bíblicas fueron tomadas de Santa Biblia, Nueva Versión Internacional*
NVI* © 1999, 2015 por Biblica, Inc.* Usado con permiso de Biblica, Inc.*
Reservados todos los derechos en todo el mundo.

Penguin Random House Grupo Editorial apoya la protección del *copyright*. El *copyright*
estimula la creatividad, defiende la diversidad en el ámbito de las ideas y el
conocimiento, promueve la libre expresión y favorece una cultura viva. Gracias por
comprar una edición autorizada de este libro y por respetar las leyes del Derecho de
Autor y *copyright*. Al hacerlo está respaldando a los autores y permitiendo que PRHGE
continúe publicando libros para todos los lectores.
Queda prohibido bajo las sanciones establecidas por las leyes escanear, reproducir total
o parcialmente esta obra por cualquier medio o procedimiento así como la distribución
de ejemplares mediante alquiler o préstamo público sin previa autorización.

Impreso en Estados Unidos / *Printed in USA*

ISBN: 978-1-64473-302-8

*Dedicado a todos los que les cuesta orar,
pero aun así anhelan acercarse al corazón de Dios.*

*Una sola cosa le pido al* Señor,
*y es lo único que persigo:*
*habitar en la casa del* Señor
*todos los días de mi vida,*
*para contemplar la hermosura del* Señor
*y recrearme en su templo.*

Salmos 27:4

# Contenido

# Introducción

La oración ha sido uno de mis mayores desafíos como cristiana. Aunque sé que se me ordena orar, se me anima a orar, se me invita a orar y, a menudo, siento la necesidad de hacerlo, es algo que todavía me cuesta. Mi batalla se centra principalmente en tres áreas.

Me resulta difícil *concentrarme*. ¿Por qué será que, tan pronto como inclino la cabeza para orar, mis pensamientos comienzan a dispersarse? En vez de comunicarme verdaderamente con Dios, pienso en lo que tengo que preparar para la cena o en la ropa que me voy a poner para asistir a un evento especial o cuándo podría quedar con una amiga para tomarnos un café. O estoy tan cansada que, simplemente, me adormezco en esa quietud.

La segunda área es la *constancia*. A menudo, me distraigo con las notificaciones del celular o me interrumpe mi perro que quiere salir a pasear o estoy tan ocupada que salto de la cama con el tiempo justo para comenzar el día, de modo que no me queda ni un instante para hacer una mínima oración.

También he luchado con el *contenido*: saber lo que hay que decir, cuánto tengo que decir y la forma en que debo hacerlo.

Cuando buscaba obtener la victoria en las tres áreas que mencioné, le pedía a Dios que me diera soluciones para ellas.

¡Y así lo hizo! Poner la alarma más temprano para poder encontrarme con el Señor antes de comenzar mi jornada me permitió tener constancia y anotar las oraciones me ayudó no solo con el contenido, sino también con la concentración. En este libro, encontrarás algunas de las oraciones que escribí. No abarcan todas las crisis y peticiones, los deseos y deleites, anhelos y carencias, batallas y victorias ni los otros innumerables temas que le presenté al Señor en oración, pero espero que te ayuden a reavivar tus conversaciones con Dios. En especial, si tú también has batallado con la oración como yo.

Aunque no puedo poner la alarma de tu reloj, quizá leer algunas de estas plegarias que escribí te ayude a concentrarte y a enfocarte en el contenido de tu oración. Al leerlas, puede ser que notes los cuatro elementos que intenté incluir en ellas: alabanza, confesión, acción de gracias e intercesión.

Tengo el hábito de comenzar mis oraciones alabando a Dios por quién Él es; porque, a medida que me enfoco en Él, es increíble cómo noto que mis propias necesidades y problemas se minimizan en comparación con su grandeza. Luego me miro y confieso el pecado que ahora es evidente, revelado a la luz de su santidad y gloria.* No me autoflagelo en la confesión, sino que, cuando termino de enumerar todos mis pecados, paso inmediatamente a la parte de darle gracias a Aquel que me ha perdonado y limpiado. En ese momento, estoy preparada para presentar mis peticiones e interceder por otros. He dejado algunas páginas en blanco en este libro para

---

* Para una guía detallada sobre cómo confesar el pecado personal, consulta el capítulo 5 de *La oración de Daniel*; específicamente, las páginas 124-128.

que escribas tus propias plegarias: puedes utilizar este modelo si te resulta útil. Recuerda que el propósito de la oración no es solamente obtener respuestas, sino desarrollar una relación personal e íntima con Aquel que te ama, se entregó por ti y anhela que vivas a la luz de su presencia.

Oro por ti para que, mientras lees este libro, Dios use mis batallas en la oración para ayudarte a vencer las tuyas. Y, si ese es el resultado, estarás más cerca del corazón de Dios de su corazón.

*Por esta razón*
*me arrodillo delante del Padre,*
*de quien recibe nombre toda familia en el cielo y en la tierra.*
*Le pido que, por medio del Espíritu*
*y con el poder que procede de sus gloriosas riquezas,*
*los fortalezca a ustedes en lo íntimo de su ser,*
*para que por fe Cristo habite en sus corazones.*
*Y pido que,*
*arraigados y cimentados en amor,*
*puedan comprender,*
*junto con todos los santos,*
*cuán ancho y largo, alto y profundo es el amor de Cristo;*
*en fin, que conozcan ese amor que sobrepasa nuestro conocimiento,*
*para que sean llenos de la plenitud de Dios.*

Efesios 3:14-19

—Anne Graham Lotz

*Cuando Dios coloca una carga sobre ti,*
*Él siempre pone su brazo por debajo.*

—L. B. Cowman

# Oración del cansado

Grandioso y perfecto Sumo Sacerdote:

Te alabo porque eres el Único que entiende los sentimientos de mis debilidades. Eres tierno, gentil. No quebrarás la caña cascada ni apagarás el pabilo humeante. Nunca te cansas ni te agotas.

Te confieso que, a veces, yo sí me agoto. Me siento vulnerable y solo representándote y hablando en tu nombre cuando muy pocos lo hacen. Tú no me culpas por mi debilidad y mi cansancio, sino que me comprendes. Recuerdo que dijiste que colocarías a los que están solos en familias. Te agradezco por tu familia, por mis hermanos y hermanas que están junto a mí, codo con codo y corazón con corazón, viviendo para ti en este mundo cada vez más oscuro, peligroso y hostil.

Querido Padre Dios, te pido que me utilices para animar a otros y que traigas a mi vida a aquellos que usarás para hacer lo mismo conmigo. Que podamos edificarnos y fortalecernos mutuamente. Que cuando el enemigo venga como una inundación, invadiéndonos por todas partes, desde todo nivel y ángulo, podamos resistir. Con el espíritu agobiado, tal vez. Con los corazones heridos, quizá. ¡Pero con la espada alzada en señal de victoria! ¡Que sigamos estando firmes!

Para la gloria de tu gran nombre… *Jesús*.

Amén.

*Los hombres piden arcoíris en las nubes,*
*pero yo te pediría más.*
*Yo sería, en mi nube, ese arcoíris,*
*un ministro del gozo de los demás.*

—GEORGE MATHESON

# Oración para los días tormentosos

Asombroso, omnipotente, Dios Creador:

Te alabo porque eres…

… el que echó los cimientos de la tierra,

… el que definió sus dimensiones,

… el que encerró al mar cuando brotó del vientre de la tierra,

… el que lo vistió con las nubes y le fijó un límite,

… el que dijo: "Solo hasta aquí puedes llegar; de aquí no pasarán tus orgullosas olas".[1]

Pienso en aquella ocasión en que viste a tus discípulos angustiados a causa de una tormenta en el mar de Galilea. Entonces, caminaste sobre el agua, subiste a su barca cuando te llamaron y les ordenaste al viento y a las olas que se calmaran, ¡y ambos te obedecieron![2]

Cuando las tormentas de la vida me invaden y mis seres queridos enfrentan olas que amenazan con ahogarlos en la desesperación, te ruego que vuelvas tu mirada hacia nosotros con misericordia. Te suplico sabiendo que, así como las olas y el viento conocen tu voz y responden a ti, asimismo todas las fuerzas del mundo están sujetas a tu poder. Te pido que pronuncies en nuestras vidas estas palabras: "Cálmate".

Te pido que guardes tu promesa: "Cuando cruces las aguas, yo estaré contigo; cuando cruces los ríos, no te cubrirán sus aguas; cuando camines por el fuego, no te quemarás ni te abrasarán las llamas".[3]

Al enfrentar cada una de las tormentas que se presentan en mi vida, me aferro a ti con confianza. En el nombre de Aquel a quien el viento y las olas se sujetan: *Jesús*.

Amén.

Dios ha dicho:
"Nunca te dejaré;
jamás te abandonaré".
Así que podemos decir con toda confianza:
"El Señor es quien me ayuda; no temeré.
¿Qué me puede hacer un simple mortal?".

HEBREOS 13:5-6

# Oración personal

*La oración verdadera es un inventario de carencias, un catálogo de necesidades, una revelación de la pobreza oculta.*

—C. H. Spurgeon

# Oración en tiempos de extrema dificultad

Varón de dolores:

Al mirar la devastación y el dolor en las vidas de los que me rodean, mi espíritu exclama: "No, no, ¡no!". ¿Cómo puede ser? ¿Cómo es que permites tanto sufrimiento y *por qué*?

Me mantendré alerta, estaré pendiente de lo que me digas, de tu respuesta a mi reclamo.[4] En el silencio, me parece escuchar tu suave murmullo repitiendo lo que me has dicho en ocasiones anteriores cuando han estallado crisis indeseadas, imprevistas, inesperadas e inexplicables. Tu respuesta parece ser la misma que otras veces: *Confía en mí aun cuando no entiendas.*

Oh, Dios, has sido nuestra ayuda en eras pasadas, eres nuestra esperanza para el porvenir y solo Tú eres nuestro refugio en medio de esta tormenta.[5] Solo Tú eres nuestro amparo y nuestra fuerza. Eres el Buen Pastor que nos guiará a lugares seguros por este valle de sombras que ha descendido sobre nuestra tierra agotada.

Por favor, mira a aquellos que amo y que están sufriendo, temerosos del futuro. *Por favor*, acércate a ellos. Te pido que, cuando se concentren más en la realidad de su dura situación, mitigues sus sentimientos de devastación y pérdida con el consuelo de tu presencia, paz y amor. Seca las lágrimas de nuestros ojos. Vuelve nuestro rostro hacia ti. Ayúdanos a elegir mirar hacia arriba, hacia ti, con confianza.

Oro en el nombre del que dijo: "Nunca te dejaré, jamás te abandonaré":[6] *Jesús*.

Amén.

Por la mañana hazme saber de tu gran amor,
porque en ti he puesto mi confianza.
Señálame el camino que debo seguir,
porque a ti elevo mi alma.
Señor, líbrame de mis enemigos,
porque en ti busco refugio.
Enséñame a hacer tu voluntad,
porque tú eres mi Dios.
Que tu buen Espíritu me guíe
por un terreno sin obstáculos.

SALMOS 143:8-10

# Oración de entrega

Precioso Señor Jesús, que gobiernas sobre toda la naturaleza y eres Señor de las naciones:

Me humillo y me postro delante de ti para darte honor, alabanza y gloria por las incontables bendiciones que continuamente derramas sobre mi vida. Demuestras tu compasión a través de las personas comunes que usas para bendecirme a diario. Y vislumbro tu amor a través de circunstancias que me revelan tu gracia, tu abundante bondad y tu verdad.

Confieso que a menudo paso por alto tus dones buenos y perfectos. En vez de regocijarme en tu fuerza, que se perfecciona en mi debilidad, caigo en la tentación de sentirme autosuficiente. No te glorifico como Dios ni te doy las gracias, sino que vivo como si no tuviera que rendirte cuentas. Dios de toda misericordia, confieso mi desesperante necesidad de ti. Lamento las veces en que me he alejado de ti con orgullo y me he comportado como si estuviera al mando de mi vida.

Nos dijiste en tu Palabra que si confesábamos nuestros pecados con pesar, nos apartábamos de ellos y nos volvíamos a ti, Tú te volverías a nosotros.[7] En este mismo momento, me vuelvo a ti, ¡corro hacia ti! y te suplico que te vuelvas a mí. Te pido que enciendas en mi interior el deseo por lo que es bueno, verdadero, justo y puro. Elimina de mi corazón cualquier tendencia a la autosuficiencia. Dijiste en tu palabra que eras nuestra roca, nuestro escudo, nuestra fortaleza, nuestro refugio. Cuando sienta la tentación de confiar en mis propias fuerzas, enséñame a refugiarme en ti.

En el poderoso nombre de *Jesús*.
Amén.

*La mejor disposición a la oración se encuentra cuando estamos desolados, abandonados, privados de todo.*

—SAN AGUSTÍN

# Oración personal

El Señor te bendiga
y te guarde;
el Señor te mire con agrado
y te extienda su amor;
el Señor te muestre su favor
y te conceda la paz.

Números 6:24-26

# Oración pidiendo paz y protección

Dios de Abraham, Isaac y Jacob:

Tú eres el Eterno YO SOY. Aquel que es el mismo por todos los siglos. No hay sombra de mudanza en ti. Estás plenamente presente en cada generación: pasada, presente y futura. Eres el Todopoderoso. Tu poder no ha disminuido ni se ha gastado a través de los milenios de la historia de la humanidad. Sabemos que amaste al mundo de tal manera que nos diste el tesoro del cielo cuando enviaste a tu único Hijo hace dos mil años para que naciera en forma de bebé, fuera envuelto en pañales y colocado en un pesebre. Gracias por el Evangelio, que nos dice que todos y cada uno de los que depositan su fe en ese bebé —que creció para vivir y morir como nuestro Salvador, está ahora sentado en el trono celestial y pronto regresará para gobernar el mundo— no perecerá, sino que tendrá vida eterna. ¡El milagro del cielo está disponible para personas que son como partículas de polvo!

Sin embargo, ¡puedo ver a mi alrededor un mundo que está cada vez más desesperanzado! La maldad parece no tener freno. Los bebés son abortados y las partes de su cuerpo son vendidas para obtener ganancia. El tráfico sexual está creciendo. Las naciones se están desintegrando. Se desatan guerras por doquier, cada día se escuchan rumores de nuevos conflictos estallando. No puedo evitar sentir la agitación y la confusión, que seguramente son un reflejo de la batalla que se está librando en el campo invisible.

Humildemente, me dirijo a ti. Tú eres el Único que nos permite vivir seguros. Solo Tú nos haces sentir a salvo. Solo Tú eres Dios. Me vuelvo a ti, profundamente consciente de que no soy digno de dirigirme a ti por mí mismo, pero confiado en que puedo acceder a tu santa presencia por medio de la sangre de tu Hijo y mi Salvador, el Señor Jesucristo.

Te pido que el temor del Único y Verdadero Dios vivo descienda sobre mí, sobre mi familia, mi comunidad, mi iglesia y mi nación.

Te pido sabiduría sobrenatural para que yo y mis seres queridos, aquellos que sirven conmigo, podamos tomar decisiones conforme a tu perfecta voluntad.

Te pido de manera especial que atraigas a ti a los líderes de mi iglesia, de mi comunidad y de esta nación. Llévalos a poner su confianza en ti para que puedan sentir paz por dentro y por fuera.

Te suplico que bendigas a nuestra amada nación. Protégenos. Defiéndenos. Únenos. Te ruego que continúes usándonos como una fuerza para hacer el bien en el mundo. Mantennos firmes en nuestro compromiso de ser amigos de tu pueblo.

Tú eres un Dios que oye la oración, la responde, mantiene su alianza y hace milagros. Escucha mi plegaria y bendice a este país con la paz que solo el poder de tu Evangelio puede traer a nuestro corazón.

Para la gloria de tu inmenso nombre, *Jesús*.

Amén.

*No hay otra manera de aprender la fe excepto por medio de la prueba.*
*Esa es la escuela de Dios para la fe, y es mucho mejor para nosotros aprender a confiar en Dios que disfrutar de la vida.*

—REV. A. B. SIMPSON

# Oración para obtener una confianza sólida

Oh, Dios de la creación:
Me inclino ante ti, reconociendo tu grandeza y gloria. Nadie se compara contigo. Nadie te iguala. Contemplo tu creación y me maravillo del infinito poder y sabiduría que posees. Nada está fuera de tu alcance. "El que ordena la multitud de estrellas una por una, y llama a cada una por su nombre" […] "por toda la tierra resuena su eco, ¡sus palabras llegan hasta los confines del mundo! […] Sale de un extremo de los cielos y, en su recorrido, llega al otro extremo, sin que nada se libre de su calor" […] "¿A dónde podría alejarme de tu Espíritu? ¿A dónde podría huir de tu presencia? Si subiera al cielo, allí estás tú; si tendiera mi lecho en el fondo del abismo, también estás allí".[8] No hay un solo sitio en todo el universo en el que Tú no estés. Ciertamente, tu mano "no es corta para salvar, ni es sordo [tu] oído para oír".[9]

Sin embargo, confieso que, cuando miro alrededor al caos en que se encuentra nuestro mundo —cuando los terroristas atacan; cuando las inundaciones, incendios, tornados y tormentas devastan nuestra tierra; cuando los gobernantes de la nación no gobiernan; cuando los empresarios engañan; cuando nuestros líderes políticos ponen sus propios intereses por delante de los del pueblo; cuando nuestros líderes espirituales contradicen tu Palabra—, me pregunto qué está ocurriendo. *¿Dónde estás?*

El enemigo me susurra mentiras, me tienta a pensar que…

… estás distraído, desentendido, ignorando la realidad;
… te muestras desatento, inactivo, impotente;

… se te acabaron las estrategias, quedaste obsoleto, has sido superado;

… eres incapaz, indiferente e, incluso, inconsciente…

… de nuestros temores, nuestra desesperación, confusión e indignación.

¿Por qué pareces tan pequeño mientras que nuestros problemas, desastres y enemigos parecen tan enormes?

Por eso te pido, Dios Todopoderoso, que fortalezcas mi resolución de depositar mi confianza en ti. Dame el valor para declarar que, si los "reyes de la tierra se rebelan" y "los gobernantes se confabulan contra el SEÑOR",[10] aun así, confiaré en ti. Aunque "se desmorone la tierra y las montañas se hundan en el fondo del mar; aunque rujan y se encrespen sus aguas, y ante su furia retiemblen los montes",[11] aun así, confiaré en ti.

Si se "agitan las naciones" y "se tambalean los reinos",[12] aun así, confiaré en ti. Si los "malvados sacan la espada y tensan el arco para abatir al pobre y al necesitado, para matar a los que viven con rectitud",[13] aun así, confiaré en ti.

*¡Confío en ti!*

En el poderoso, inquebrantable e invencible nombre de *Jesús*.

Amén.

No oren para tener una vida fácil.

¡Oren para ser hombres más fuertes!

No oren por tareas equiparables a su poder.

¡Oren por un poder igual a sus tareas!

Entonces, el desempeño de su trabajo no
   será un milagro,

sino que ustedes serán el milagro.

—PHILLIPS BROOKS

# Oración para ser luz en las tinieblas

Luz del mundo:

¿Quién es como Tú, majestuoso en santidad, asombroso en alabanzas, obrador de milagros? Tu poder no se ha desvanecido ni desgastado a través de los milenios de la historia humana. Sé que amabas al mundo de tal manera que te adentraste en las tinieblas cuando enviaste a tu Hijo unigénito a la tierra… a vivir, morir, resucitar y ascender al cielo… para que todo aquel que ponga su fe en Él no perezca, sino que tenga vida eterna. Anhelo ver el día en que mi fe se materialice y el mundo entero se llene de la gloria de quién Tú eres. Mi mayor gozo será verte cara a cara; reunirme alrededor de tu trono con las multitudes de cada tribu, lengua, pueblo y nación que compraste con la sangre de tu propio Hijo, y adorarte.[14]

Santísimo Dios, aun cuando espero ese día glorioso, siento el apremio de confesar mi pecado. Tú eres justo; yo no lo soy. Siempre haces lo correcto; yo siempre cometo errores. ¡Cuántas veces he disfrutado de las riquezas de tus bendiciones y no te he dado las gracias! Mi silencio al recibir los elogios de la gente da la falsa impresión de que el mérito es mío en lugar de ser todo tuyo. A veces me he sentido intimidado cuando otros han contradicho tu palabra y no he refutado sus falsas enseñanzas. ¿He tratado mi vida con liviandad al abusar de mi salud? ¿He pasado por delante de un necesitado haciéndome el distraído, sintiendo que no era mi responsabilidad? ¿He demandado privilegios de manera desafiante en vez de aceptar agradecido lo que Tú me das? Me arrepiento, Señor.

Hoy me vuelvo a ti. Regreso a ti. Corro hacia ti. Me aferro a ti. Te suplico.

Fuente de toda bendición, bendíceme. No porque lo merezca, sino porque te lo pido en el nombre de Jesús. Hazme un vaso de honra, un instrumento "noble, santificado, útil para el Señor y preparado para toda obra buena".[15] Sé que se aproxima la noche en que ya no podremos trabajar para ti. Ayúdame a recuperar el tiempo. Úsame ahora para tu reino y tu gloria. Abre mis labios para dar a conocer el Evangelio con valentía y sin temor: las buenas nuevas de redención para el pasado, esperanza para el futuro y gozo para el presente a pesar de las circunstancias; del amor incondicional, ilimitado y eterno que se encuentra a los pies de la cruz. Abre mis labios para hablarle de Jesús a un mundo que cada vez está más desesperado. Úsame como embajador de paz en la tierra, guiando a las personas para que primero establezcan una relación correcta contigo y luego con los demás. Cuando el mundo que me rodea se desarme, ayúdame a permanecer firme en mi fe en ti. Y cuando la gente me vea firme, ayúdalos a verte.

Úsame para encender la Luz.

Para la gloria de tu gran nombre, *Jesús*.

Amén.

En consecuencia,
ya que hemos sido justificados mediante la fe,
tenemos paz con Dios
por medio de nuestro Señor Jesucristo.
También por medio de él, y mediante la fe,
tenemos acceso a esta gracia en la cual nos
   mantenemos firmes.
Así que nos regocijamos en la esperanza de
   alcanzar la gloria de Dios.

—ROMANOS 5:1-2

# Oración invocando la gracia y gloria de Dios

Gran Dios que mantienes el pacto:

Sé que para ti no hay nada ni nadie oculto o desconocido en esta vida o en la próxima; en esta generación, la pasada o la siguiente; en el mundo visible o invisible. Eres omnisciente. Nada ni nadie está perdido para ti. Nadie puede ir a un lugar donde no hayas ido Tú primero. No podemos escapar de tu presencia en lo alto de los cielos o en lo profundo del infierno. Eres omnipresente. Un día, toda voz que se alzó para proferir blasfemias, obscenidades y profanidades tendrá que reconocer que Tú eres el Rey de reyes y Señor de señores. Eres omnipotente. Un día tu gloria cubrirá la tierra como las aguas cubren los mares.[16] Eres eternamente fuerte, completamente sincero, perennemente firme, inmortalmente misericordioso.

Dependo de tu gracia para confesar…

… mi ingratitud, reconociendo que con frecuencia he olvidado agradecerte por una oración respondida o una bendición recibida;

… mi descuido respecto a tu Palabra;

… mis dudas de que harás lo que prometiste;

… mis oraciones desapasionadas, que por momentos no son más que palabrería espiritual y fantasías en lugar de una conversación ferviente contigo;

… mi despreocupación por los perdidos, evidenciada en mi timidez para testificar;

… mi insuficiencia, que suelo usar como excusa para la desobediencia;

… mi hipocresía al dejar que otros piensen que soy más espiritual de lo que soy;

… mi tendencia orgullosa al autoengaño cuando me dejo impresionar por mi propia reputación.

Dios de gracia, límpiame de mis pecados, de todos ellos. Después, llena mi vida de tu Santo Espíritu y mi casa de tu gloria. Enciende el fuego del avivamiento en mi corazón. Protégeme. Defiéndeme. Consuélame. Dame tu poder. Equípame con la armadura de Dios para poder resistir las maquinaciones del enemigo mientras espero expectante tu regreso. Aun así, te pido que regreses pronto, Señor Jesús.

Para la gloria de tu inmenso nombre, *Jesús*.

Amén.

Señor,
Dios grande y terrible,
que cumples tu pacto de fidelidad
con los que te aman
y obedecen tus mandamientos:
Hemos pecado y hecho lo malo;
hemos sido malvados y rebeldes;
nos hemos apartado de tus mandamientos y de tus leyes.
Señor y Dios nuestro,
que con mano poderosa
sacaste de Egipto a tu pueblo
y te has hecho famoso, como hoy podemos ver:
¡Hemos pecado; hemos hecho lo malo!
Aparta tu ira y tu furor…
Y ahora, Dios y Señor nuestro,
escucha las oraciones y súplicas de este siervo tuyo…
Préstanos oído, Dios nuestro;
abre los ojos y mira nuestra desolación…
Al hacerte estas peticiones,
no apelamos a nuestra rectitud,
sino a tu gran misericordia.
¡Señor, escúchanos!
¡Señor, perdónanos!
¡Señor, atiéndenos y actúa!
Dios mío, haz honor a tu nombre y no tardes más;
¡tu nombre se invoca sobre tu ciudad y sobre tu pueblo!

DANIEL 9:4-5, 15-19

*Convierte la Biblia en oración.*

—ROBERT MURRAY M'CHEYNE

# Oración personal

Esta es la confianza que tenemos
al acercarnos a Dios:
que, si pedimos conforme a su voluntad,
él nos oye.
Y, si sabemos que Dios oye todas nuestras
   oraciones,
podemos estar seguros de que ya tenemos
   lo que le hemos pedido.

1 Juan 5:14-15

# Oración de confianza en la provisión divina

Gran Dios y Creador:

Te alabo como el unigénito del Padre, Aquel por quien lo ha dado todo. Eres su Heredero en todas las cosas. Sostienes el mundo en la palma de tu mano y eres quien ve cuando un gorrión muere, quien viste los lirios del campo, quien alimentó a cinco mil hambrientos con cinco panes y dos peces. Tú has prometido suplir todas mis necesidades según las riquezas de su gloria porque eres Jehová Jireh, nuestro Dios proveedor.

Me arrepiento de haber acumulado riquezas cuando Tú me has provisto gratuitamente de todas las cosas.

Me arrepiento de haber cerrado mis ojos y oídos a las necesidades de otros porque deseo tener más para mí mismo.

Me arrepiento de haber permitido que las bendiciones materiales que me diste me engañen y me hagan pensar que no te necesito.

Me arrepiento de haber vivido como si la riqueza material y la prosperidad trajeran la felicidad.

Me arrepiento de haber dejado que la preocupación por lo económico y las necesidades materiales me consumiera como si Tú no fueras suficiente en todas las cosas.

Yo elijo darte todo lo que tengo, no solo el diez por ciento. Confío en que me darás a cambio mi próximo respiro: no todo lo que quiero, sino todo lo que necesito. Revélame la inmensa deuda que he contraído contigo para que pueda reconocerla de manera sincera y vivir mi vida de forma que pueda retribuirte y perdonar a los demás como Tú me perdonaste a mí. Te pido que abras mis ojos a lo espiritual, así como también a las necesidades materiales de otros, y que me uses para actuar en tu lugar y suplir esas necesidades. Te pido una visión fresca de tu poder y riqueza para poder ser generoso con mis posesiones, eligiendo contentarme con o sin ellas mientras espero la recompensa que viene del cielo. Te suplico que me des valor para ver, creer y vivir a la luz de la eternidad; de forma tal que pueda resistir la tentación del pecado, el egoísmo y la maldad, y, en su lugar, me abandone a tu voluntad.

Para la gloria de tu gran nombre, *Jesús*.

Amén.

*Es un gran consuelo
abandonar los enredos de la vida en
las manos de Dios
y dejarlos allí.*

—L. B. COWMAN

# Oración al Dios eterno e inmutable

Dios inmutable:

Te alabo como el eterno YO SOY.[17] En un mundo que se transforma continuamente y que está en constante vaivén como las olas de un mar embravecido, Tú nunca cambias. Siempre estás presente y eres relevante porque siempre eres actual. Nunca eres el Yo Fui ni el Yo Seré. Confío en que la grandeza y el poder que desplegaste en la creación, en el éxodo, en la cruz, en la resurrección y la ascensión de Jesús, en el día de Pentecostés siguen siendo hoy los mismos y lo serán al final de los tiempos. Tú eres el YO SOY y tus normas son elevadas. Todavía demandas santidad de parte de tu pueblo. Todavía requieres que practiquemos la justicia, amemos la misericordia y seamos humildes delante de ti.[18]

Confieso que no he alcanzado tus normas perfectas. Muchas veces no he vivido con justicia, misericordia ni humildad.

Cuán agradecido estoy de estar a salvo de tu ira y del juicio por mi pecado, cubierto por la sangre del YO SOY, tu Cordero, que está rociada en los dinteles de las puertas de mi corazón.[19] ¡Qué alegría siento al poder acercarme a ti en oración con la confianza de que me recibirás, me escucharás y responderás! ¡Porque el eterno YO SOY ha resucitado, está vivo, ascendió a los cielos y está sentado a la diestra del Padre! Vive para suplicar por tus seguidores: ¡lo está haciendo en este momento mientras oro! Él reina y pronto regresará como el Rey de reyes y Señor de señores. El Cordero está sentado en el trono.

Vengo a ti en su nombre, en el nombre de Jesús. Te pido que seas mi refugio y mi fortaleza. Cúbreme y quédate conmigo en tiempos de dificultad. Ordena a tus ángeles que me guarden y me cuiden en todos mis caminos. Tú siempre oyes mis oraciones, las respondes, mantienes el pacto y obras milagros. ¡Escucha mi oración! Levántate, gran León de Judá, para que todas las naciones de la tierra sepan que solo Tú eres Dios.

Para la gloria de tu gran nombre, *Jesús*.

Amén.

*[Es aquí, en oración]*
*que los secretos inefables son revelados,*
*no por una iluminación momentánea,*
*sino por Dios mismo,*
*donde todos ellos están escondidos.*

—MADAME GUYON

*Dios es nuestro amparo y nuestra fortaleza,*
*nuestra ayuda segura en momentos de angustia.*
*Por eso, no temeremos*
*aunque se desmorone la tierra*
*y las montañas se hundan en el fondo del mar;*
*aunque rujan y se encrespen sus aguas,*
*y ante su furia retiemblen los montes.*
*[…]*
*El Señor Todopoderoso está con nosotros;*
*nuestro refugio es el Dios de Jacob.*

SALMOS 46:1-3, 7

# Oración a la roca de nuestra salvación

Roca eterna:

Te alabamos como el Elohim, el Dios Fuerte. Estuviste en el principio y estarás al final. Siempre has sido y siempre serás. Eres el creador que engendra algo de la nada, que formó al hombre del polvo, que convierte las tinieblas en luz, que hace girar al mundo, que sustenta todas las cosas con su poderosa Palabra.

Cuando las naciones se sublevan y los pueblos imaginan cosas vanas…,

cuando los gobernantes se confabulan contra el Señor…,[20]
cuando la tierra se desmorona…,
cuando las montañas se hunden en medio del mar…,
cuando las aguas rugen y se encrespan…,
cuando las naciones se levantan y los reinos caen…,
cuando todo lo que es familiar se desmorona…,[21]

… Tú eres la roca sobre la cual nos erguimos.[22] Eres nuestra fortaleza y en ti nos refugiamos. Nos escondemos en ti y solamente a ti te alabamos.

Hoy confesamos nuestra honda necesidad de ti.

Oh, Dios, nuestra ayuda en tiempos pasados, te pedimos que intervengas a nuestro favor. Al internarnos en la oscuridad espiritual y moral te pedimos que seas nuestra luz. Cuando las tormentas políticas, sociales, raciales, económicas y ambientales se desaten a nuestro alrededor, sé nuestra ancla. Al enfrentar la amenaza del terrorismo y las promesas de aniquilación de parte de nuestros enemigos, sé nuestro escudo. Cuando estallen guerras y rumores de guerras, sé nuestra paz. En nuestra debilidad, sé nuestra fuerza. Cuando estemos sufriendo por la pérdida de libertades, de un futuro, de valores y seres queridos, sé nuestro consuelo. En nuestra desesperanza por la falta de un liderazgo moral, sé nuestra esperanza. En nuestra confusión, cuando la verdad sea manipulada y sustituida por mentiras, sé nuestra sabiduría.

En estos días de desesperación y confusión, te buscamos a ti y solamente a ti.

En el poderoso nombre de *Jesús*.

Amén.

*A ti clamo, oh Dios, porque tú me respondes;*
*inclina a mí tu oído, y escucha mi oración.*
*Tú, que salvas con tu diestra*
*a los que buscan escapar de sus adversarios,*
*dame una muestra de tu gran amor.*
*Cuídame como a la niña de tus ojos;*
*escóndeme, bajo la sombra de tus alas.*

SALMOS 17:6-8

# Oración de alabanza por la persona de Dios

Trino Dios:

Eres grandioso en la magnificencia de tu persona. Te alabo como el Padre que me amó de tal manera que me trajo al mundo y, cuando el pecado me separó de él, envió a su propio Hijo a ser mi Salvador. Te adoro también como el Hijo que me amó tanto que, por dirección divina, se levantó de su trono en el cielo, se despojó de su ropaje de gloria, descendió a la tierra, asumió la naturaleza propia de un siervo hecho a semejanza humana y se humilló a sí mismo sometiéndose a la muerte en la cruz. ¿Quién puede imaginar la profundidad de semejante amor? O las alturas de un amor así, cuando el Padre te exaltó hasta lo sumo para que un día, ante tu nombre, toda rodilla se doble y toda lengua confiese que eres el Señor.[23] ¡Gloria a Dios! No veo la hora de que ese día llegue. Mientras tanto, te doy gracias por no abandonarme ni dejarme huérfano.[24] Has venido a mí en la tercera persona de la Trinidad. Te alabo como el Espíritu de la Verdad, mi Consuelo, mi Consejero, mi Ayudador: el Espíritu Santo que es Jesús en mí.

Por favor, querido Dios, quiero conocerte hoy más que ayer y menos que mañana. Quiero crecer cada día en el conocimiento de ti hasta que mi fe se convierta en vista y pueda verte con claridad y conocerte a plenitud, tal y como Tú me conoces ahora.[25] El deseo de mi corazón es que un día me reconozcas como tu amigo.

Te confieso que cuando mi salud anda bien, cuando mi cuenta bancaria está abultada, cuando mis amigos son muchos, cuando mi nombre es respetado, cuando mi familia está feliz, tiendo a caer en la autocomplacencia. De manera que te agradezco por las pruebas y tribulaciones, las dificultades y contratiempos, las enfermedades y desilusiones, porque todas esas cosas me enseñan a través de la experiencia que te necesito. A cada momento, cada hora, cada día. Mi conciencia de la necesidad me lleva a buscarte y a descubrir que, en mi debilidad, te fortaleces; en mi insuficiencia, eres más que suficiente.

Amado Padre, Hijo y Espíritu Santo, confío en tu sabiduría para saber exactamente qué debes enviarme para que yo siga apoyándome en ti. Dijiste que no me darías más de lo que puedo soportar.[26] Te pido que me ayudes a mantenerme fiel a ti, enfocado en ti y apasionado por ti hasta que logre verte tal como eres y Tú puedas verte reflejado en mi persona.[27]

Para la gloria de tu gran nombre, *Jesús*.

Amén.

*Me has dado a conocer la senda de la vida;*
*me llenarás de alegría en tu presencia,*
*y de dicha eterna a tu derecha.*

SALMOS 16:11

# Oración de alabanza por la presencia de Dios

Dios eterno:

Cuando el tiempo, el espacio y la historia fueron creados, Tú ya estabas allí.[28] No tienes comienzo ni final. Tu presencia es invisible, pero aun así resulta poderosamente evidente. Te vemos formar al hombre del polvo de la tierra; luego, soplar en él tu aliento de vida y, a través de él, en cada ser humano desde entonces.[29]

Eres el supremo destructor de cadenas cuando te vemos liberar a tus hijos de los egipcios con milagrosas señales y prodigios.[30]

Te vemos abriendo un camino donde no lo había al dividir las aguas del mar Rojo y permitir que tus hijos caminen por tierra seca.[31]

Te vemos derribando los muros de Jericó para que el enemigo sea derrotado.[32]

Te vemos aparecer en el horno en llamas de Babilonia para proteger a tus hijos de ser quemados por causa de su lealtad a ti.[33]

Te vemos cerrarles las bocas a los leones hambrientos en el foso para que tu siervo pueda vivir para darte gloria.[34]

Te vemos internarte en un campo de refugiados envuelto en un torbellino para cambiar el llamado de un hombre: de sacerdote a profeta.[35]

Te vemos sentado en el trono de los cielos, gobernando en tiempos de crisis.[36]

Y te vemos invadir el tiempo y el espacio —maravilla de todas las maravillas—: en el pesebre…, en un taller de carpintería…, en una ladera cercana a Galilea…, colgando de la cruz…, levantándote de la tumba…, ascendiendo a los cielos…, sentándote nuevamente en el trono celestial… y cambiándolo todo cuando viniste no solo a estar con nosotros, alrededor de nosotros, delante de nosotros, detrás de nosotros, debajo de nosotros, arriba de nosotros o sobre nosotros…, ¡sino para vivir dentro de nosotros![37]

Me postro ante ti en asombro y absoluta adoración por quien eres, has sido y serás siempre. Siento mucho cuando cuestiono tu compromiso de obrar tus propósitos eternos en mi vida o en la vida de mi familia. Me arrepiento por dudar de ti y sentirme inclinado a pensar que has perdido el rumbo con respecto a este mundo malvado o que ya no te interesa la historia de la humanidad. ¿En qué estoy pensando? ¡Tú eres el mismo ayer, hoy y siempre![38]

Ayúdame a vivir cada día con la mente puesta en la eternidad.

Para la gloria de tu gran nombre, *Jesús*.

Amén.

Es en la presencia personal del Salvador,
en la relación con Él,
que la fe se alza para captar lo que al principio
parecía demasiado elevado.
Es a través de la oración
que sostenemos en alto nuestro deseo,
a la luz de su santa voluntad.

—ANDREW MURRAY

Cántenle a Dios, oh reinos de la tierra,
cántenle salmos al Señor, Selah
al que cabalga por los cielos,
los cielos antiguos,
al que hace oír su voz,
su voz de trueno.
Reconozcan el poder de Dios;
su majestad está sobre Israel,
su poder está en las alturas.
En tu santuario, oh Dios, eres imponente;
¡el Dios de Israel da poder y fuerza a su pueblo!
¡Bendito sea Dios!

SALMOS 68:32-35

# Oración de alabanza por el poder de Dios

Dios Todopoderoso y omnipotente:

No hay nada que no puedas hacer. No hay nada que no sepas. No hay lugar donde no puedas estar. Mi fe en ti está profundamente arraigada en tu Palabra; por eso sé en quién he creído y estoy convencido de que eres capaz de hacer muchísimo más de lo que puedo esperar o imaginar para obrar a mi favor.[39] Tienes poder para suplir todas mis necesidades —dones, fuerzas, recursos, apoyo, aliento, dirección, sabiduría y mucho más— a fin de que pueda ser totalmente obediente mientras vivo sirviendo según tu voluntad.[40] Eres capaz de protegerme cuando me siento tentado a desobedecer y apartarme.[41] Tienes poder para salvarme de formas de las que ni siquiera soy plenamente consciente, porque respondes a las oraciones de Cristo, que intercede por mí.[42] Eres capaz de cuidar todo aquello que te he encomendado —mi familia y ministerio, mi salud y hogar, mi vida y la de mis seres queridos— hasta que te vea cara a cara. Tienes poder para transformarme de gloria en gloria —mi carácter en tu carácter—, para que cuando te vea me parezca más a ti.[43] Tienes poder para presentarme delante de tu trono un día, sin tacha, para alabanza de tu gloria.[44] Tienes poder para cuidar de todo lo que te he confiado hasta que un día te vea cara a cara.[45]

Reconozco que eres poderoso; yo no lo soy. Eres capaz, a través del poder de tu Espíritu, no solo de transformarme de gloria en gloria, sino de cambiar a aquellos por los que estoy orando. Puedes convertir a un cónyuge desconsiderado y rudo en alguien que refleje tu amor y te honre. Puedes cambiar a un niño egocéntrico y hacerlo un hombre o una mujer que viva para ti. Puedes cambiar a un vecino hostil y transformarlo en un amigo. Puedes cambiar a un pariente, un amigo o compañero de trabajo que está perdido de tal modo que reconozca su pecado, se arrepienta y se vuelva a ti buscando salvación.

Cuando ore, mantén mis ojos enfocados en ti, el Único que es poderoso. Perdóname por actuar en lugar del Espíritu Santo, señalándoles a las personas sus pecados y tratando de convencerlos. Perdóname por mi actitud arrogante, siempre pronta a encontrar faltas en los demás. Enséñame que tu rol es cambiar a las personas de adentro hacia afuera, mientras que el mío es amarlas y buscar oportunidades de resaltar tu verdad, no mis normas personales.

Gracias, porque me recuerdas que amas a los demás y te preocupas por ellos más que yo. Anhelas que sean santos y agradables a tus ojos. Por eso moriste en la cruz, resucitaste, ascendiste a los cielos y luego enviaste a tu Espíritu Santo para vivir dentro de nosotros. Mientras oro por los demás, Señor, Dios Todopoderoso, sigue haciendo tu obra en mí hasta que sea de tu agrado. Gracias por la promesa de que la buena obra que comenzaste en mí la continuarás hasta el final.[46]

Para la gloria de tu gran nombre, *Jesús*.

Amén.

Dichosos los perseguidos por causa de la
   justicia,
porque el reino de los cielos les pertenece.
Dichosos serán ustedes cuando por mi
   causa la gente los insulte,
los persiga y levante contra ustedes toda
   clase de calumnias.
Alégrense y llénense de júbilo,
porque les espera una gran recompensa en
   el cielo.
Así también persiguieron a los profetas
   que los precedieron a ustedes.

MATEO 5:10-12

# Oración por los perseguidos

León de Judá:

Tú eres el Dios Todopoderoso.[47] Comandante de los ejércitos celestiales.[48] Te han sido otorgados todo el poder y autoridad del universo.[49] Los corazones de los reyes de este mundo están en tus manos y puedes hacer lo que quieras con ellos.[50] Un día pronunciarás una palabra y todos tus enemigos no existirán más.[51]

Mientras llega ese día, ¿por qué razón permites que los paganos se enfurezcan? ¿Por qué dejas que el mal triunfe sobre el bien? ¿Por qué toleras que sean exaltados, admirados y promovidos los que le hacen daño a tu pueblo? ¿Por qué permites que los que son llamados por tu nombre sean perseguidos, golpeados, apedreados, decapitados y abandonados? ¿Por qué consientes que los justos sean difamados y se manche su reputación? ¿Por qué permites que tus seguidores sean cada vez más pobres mientras que los malvados prosperan?

Clamo en favor de los que están sufriendo por causa de su fe en ti. Prometiste que pelearías por tu pueblo.[52] Prometiste que aplastarías a nuestros enemigos.[53] Prometiste que nos darías la victoria por medio de Cristo Jesús.[54] Ahora te tomamos la palabra. Hazlo, ¡por favor!

Aunque tu pueblo sea perseguido, danos una visión renovada de ti como lo hiciste con Juan en Patmos.[55] Concédenos gozo, sabiendo que estamos experimentando la comunión íntima al participar de tus sufrimientos.[56] En medio de nuestra debilidad, sé nuestra fortaleza. Acumula en los cielos una enorme recompensa para nuestros hermanos que están sufriendo, igual a la que recibieron los santos que nos precedieron.[57] Derrama tu Espíritu sobre tu pueblo y llénanos de todo aquello que precisamos para seguir siendo fieles hasta el final. Y habiendo hecho esto, ayúdanos a mantenernos firmes contra las asechanzas del diablo, anclados en tu Palabra y arraigados en la verdad.[58]

Por sobre todas las cosas, oro para que, durante los ataques, las falsas acusaciones, los arrestos, la prisión, los asesinatos, las denuncias, el sufrimiento físico y las privaciones materiales, mantengamos nuestra mirada en Jesús, el autor y perfeccionador de nuestra fe, quien, por el gozo puesto delante de Él, soportó la cruz, menospreciando la vergüenza que esta significaba, y se sentó a la derecha del trono de Dios.[59] Concédenos tu poder y perseverancia para derrotar al enemigo por tu sangre y nuestro testimonio. Líbranos de aferrarnos a esta vida para que no rehusemos aceptar la muerte, sabiendo que lo mejor aún está por venir.[60]

En el nombre de Aquel que entiende el dolor de ser perseguido por haberlo sufrido en carne propia, pero aun así venció y es la respuesta a todos nuestros porqués: en el nombre de *Jesús*.

Amén.

Por lo tanto,
ya que en Jesús, el Hijo de Dios,
tenemos un gran sumo sacerdote que ha
   atravesado los cielos,
aferrémonos a la fe que profesamos.
Porque no tenemos un sumo sacerdote
incapaz de compadecerse de nuestras
   debilidades,
sino uno que ha sido tentado en todo de la
   misma manera que nosotros,
aunque sin pecado.
Así que acerquémonos confiadamente al
   trono de la gracia
para recibir misericordia y hallar la gracia
   que nos ayude
en el momento que más la necesitemos.

HEBREOS 4:14-16

# Oración por la purificación y el avivamiento

Santísimo Dios:

Te alabo como el Adonai. Tú eres el Señor. Eres el Jefe. Reconozco tu autoridad para hacer lo que te plazca porque eres el Dueño de todas las cosas, incluyendo cada ser humano. Tú nos formaste en la creación y nos compraste en el Calvario. Tienes derecho a regir nuestras vidas. Eres un Dios misericordioso. Eres amoroso, clemente, bondadoso, fiel. Te amo por la hermosura de tu carácter. Pero también admito que no puedes dejar de ser quien eres. Y Tú eres justo, santo y recto.

A la luz de quién eres, me veo con más claridad. Soy un pecador. Redimido, es cierto, pero desesperadamente necesitado de un baño espiritual. Por lo tanto, confieso que mi vida, e incluso mi oración, no han estado enfocadas en ti —y solo en ti— como la solución a mis problemas y la respuesta a mis necesidades. Confieso que he actuado como si yo fuera alguien y Tú no fueras nadie.

Me arrepiento y me vuelvo a ti. Te pido que hagas resplandecer la luz de tu verdad en mi corazón y mis sentimientos, en mi mente y mis pensamientos, para que me vea tal como Tú me ves. Quítame, Santo Dios, todo orgullo, sentimiento de superioridad moral o, incluso, cualquier intención de juzgar a los demás. Enséñame a remover primero la viga de mi ojo antes de señalar la paja en el ojo ajeno.[61] Anhelo ver el avivamiento en los corazones de tu pueblo. Que comience justo aquí, ahora mismo, conmigo.

En el santo nombre de *Jesús,* te pido.

Amén.

Bendito sea el S*e*ñ*o*r,
que ha oído mi voz suplicante.
El S*e*ñ*o*r es mi fuerza y mi escudo;
mi corazón en él confía;
de él recibo ayuda.
Mi corazón salta de alegría,
y con cánticos le daré gracias.
El S*e*ñ*o*r es la fortaleza de su pueblo,
y un baluarte de salvación para su ungido.
Salva a tu pueblo, bendice a tu heredad,
y cual pastor guíalos por siempre.

S*a*l*m*o*s 28:6-9

# Oración por el pueblo de Dios

Dulce Pastor:

Te amamos y confiamos en ti. Eres un Dios del "ahora mismo". Es en tiempos como estos que te necesitamos y, por tanto, te tenemos. No solo eres la Luz que nos guía a través de las oscuras y amenazadoras tormentas de la vida que se ciernen sobre nosotros, también eres nuestro GPS espiritual.[62] Nos conduces por el camino recto y nos llevas al lugar donde necesitamos estar, y un día nos llevarás a casa. Confiamos completamente en ti. Eres Jehová Rohi, el Señor mi Pastor, que asume plena responsabilidad por el bienestar de su pueblo, por nuestra seguridad y necesidades. Proteges al joven, buscas al extraviado, encuentras al perdido, guías al fiel, corriges al errado, vengas al maltratado, defiendes al débil, consuelas al oprimido, recibes al pródigo, sanas al enfermo, limpias al inmundo, embelleces al estéril, restauras al fracasado, sanas al quebrantado, bendices al pobre, llenas al vacío, vistes al desnudo, satisfaces al hambriento, levantas al humilde, perdonas al pecador.

Confesamos que nosotros, tu pueblo, las ovejas de tu prado, constantemente nos apartamos. Cada uno va por su camino y hace lo que, a su juicio, considera correcto.[63] Los heridos y los agresores, las traiciones y las disputas, el orgullo y los prejuicios, la riqueza y la necesidad han opacado el reflejo de tu belleza, que debería reposar sobre nosotros, tu Cuerpo, la Iglesia. Nos hemos concentrado en nuestras circunstancias y hemos sido derrotados. Hemos dirigido nuestra atención hacia los demás y hemos sido engañados. Nos hemos centrado en nosotros mismos y, por tanto, nos hemos confundido. Nos hemos enfocamos en la política y, en consecuencia, nos hemos decepcionado. Nos comparamos con los demás y nuestra percepción de quiénes somos se ha distorsionado. Nos arrepentimos de todo esto.

Con profunda vergüenza, confesamos que hay personas en el mundo a las que amas y por las cuales entregaste tu vida...

... que no quieren conocerte porque nos conocen a nosotros;

... que te rechazan porque nos rechazan a nosotros;

... que no creen en ti por lo que les decimos y por nuestra forma de expresarlo;

... que no saben que los amas porque nosotros no los amamos;

... que no saben que les puedes dar la victoria sobre el pecado porque nosotros vivimos en derrota;

... que no tienen esperanza porque nosotros nos retorcemos las manos con desesperación;

... que están aterrados del futuro porque nosotros tenemos miedo.

Con vergüenza, confesamos que somos como ovejas descarriadas, pero ahora regresamos a ti, el Pastor de nuestra alma. Humilde y sinceramente te decimos: "Perdónanos nuestra perversidad y recíbenos con benevolencia". Nos has prometido corregir nuestra rebeldía y amarnos de pura gracia.[64] Te tomamos la palabra al acercarnos a ti con sinceridad y postrarnos humildemente a tus pies.

En el nombre y por la gloria de Aquel que entregó su vida como nuestro Buen Pastor, *Jesús*.

Amén.

La oración es la práctica de recurrir a la
    gracia de Dios.
No digas: "Voy a soportar esto hasta que
    pueda escapar y orar".
Hazlo ahora.
Recurre a la gracia de Dios en tu momento
    de necesidad.

—OSWALD CHAMBERS

*Sean fuertes y valientes.*
*No teman ni se asusten ante esas naciones,*
*pues el Señor su Dios siempre los acompañará;*
*nunca los dejará ni los abandonará.*

Deuteronomio 31:6

# Oración por los que se sienten solos

Dios omnisciente y omnipresente:
Te alabo porque solo Tú tienes ojos para ver todas las cosas. Ves lo visible y lo invisible. Lo temporal y lo eterno. El pasado, el presente y lo que está por venir. Y me ves a mí. Me conoces. Sabes cuándo me siento y cuándo me levanto, cuándo salgo y cuándo entro, cuándo me duermo y cuándo me despierto. Conoces mis limitaciones y mi potencial. Sabes cuáles son mis pensamientos antes de que se conviertan en palabras. Nada mío te es oculto.[65] Tú eres el que me ve.[66]

Te alabo también porque eres omnipresente. No existe un solo lugar en todo el universo donde no estés. Si ascendiera a lo más alto del cielo, allí estarías. Si tuviera que descender a un profundo abismo, estarías ahí. Si estableciera mi morada en el sitio más remoto del planeta, me protegerías y me sostendrías fuertemente. Si me encogiera de miedo en medio de la oscuridad, no estaría oculto para ti, pues las tinieblas son igual que la luz para ti. Ni siquiera cuando estaba siendo formado en el vientre de mi madre, estuve oculto para ti.[67] Tú eres mi refugio. Me rodeas con cánticos de liberación.[68] Siempre estás conmigo y me prometiste que siempre me acompañarás.[69] Incluso hasta el fin de todo lo que existe.[70] Y después del final, me recibirás en la gloria y allí te veré cara a cara.[71] Entonces, te conoceré a plenitud, tal como ahora soy conocido por ti.[72] Y estaré contigo por siempre.[73]

Entonces, te pido que, cuando me sienta solo; cuando no haya a la vista nadie con quien hablar o a quien poder confiarle mis secretos; cuando coma, duerma y camine solo; me permitas percibir tu presencia. Abre mi mente a tu plan y tu propósito, que me dan motivos para vivir un día más. Abre mis oídos a tu suave murmullo, que me devuelve la calma con la certeza de que me brindas tu amorosa atención. Abre mis ojos a tus bendiciones abundantes que me llenan de gozo. Abre mi corazón a tu amor desbordante que me levanta y me lleva más allá de mí mismo. Acércame a tu corazón al leer la Biblia y pasar tiempo en oración. Ayúdame a mantenerme enfocado, no solo en los hechos, información, teología, doctrina y profecías de tu Palabra, sino más específicamente en ti.

También te pido que me des oportunidades de animar a otros que puedan sentirse solos: viudas y huérfanos, adolescentes y madres o padres solteros, divorciados y solteros, gerentes y empleados, prisioneros y soldados, ancianos y enfermos. Úsame para demostrar la verdad de que, aunque podamos sentirnos solos, nunca lo estamos. Porque te tenemos a ti y Tú nos tienes a nosotros.

En el nombre de Aquel que está aquí y ahora, *Jesús*.
Amén.

*La oración no es la preparación para la batalla: es la batalla.*

—Oswald Chambers

# Oración pidiendo victoria en la batalla

Guerrero Todopoderoso, León de Judá, capitán de las huestes celestiales:

Día y noche, por siempre y para siempre, la eternidad no alcanzará para alabarte. Te amo y te adoro. Te prometo lealtad a ti y solo a ti en medio de los conflictos de la vida cotidiana: la batalla contra las tentaciones y por la verdad. Sé que mi verdadero enemigo es Satanás, el diablo, el dragón. Esa serpiente antigua que, durante milenios, ha arrastrado al mundo a la perdición. Y a su lado están los ángeles caídos: sus demonios, las fuerzas espirituales de maldad, los principados y potestades.

Te pido que abras mis ojos al mundo invisible, que arranques el velo del engaño y expongas el espíritu seductor del enemigo. Muéstrame tu verdad, la cual Satanás distorsiona con su falsa sabiduría. Concédeme discernimiento para detectar…

… sus mentiras en contraste con tu verdad,

… sus sugerencias en contraste con tus mandamientos,

… sus tentaciones en contraste con tus promesas,

… su destrucción en contraste con tu salvación,

… sus placeres pasajeros,

… sus propósitos estériles,

… y su posición fraudulenta.

Dame el discernimiento necesario para poder detectar las artimañas del enemigo. Te doy gracias porque no has dejado a tu pueblo indefenso para la batalla. Dado que "nuestra lucha no es contra seres humanos, sino contra poderes, contra autoridades, contra potestades que dominan este mundo de tinieblas, contra fuerzas espirituales malignas en las regiones celestiales",[74] la batalla no se ganará con mis fuerzas o mi poder, sino con tu Espíritu que vive en mí.[75] Oro en el nombre del Jinete del caballo blanco, cuyo nombre es Fiel y Verdadero, que un día regresará seguido de sus ejércitos celestiales. Oro en el nombre de Aquel que juzga y pelea con justicia, el que tiene sus ojos como llamas de fuego.[76] Oro en el nombre del Guerrero victorioso que un día derrotará a Satanás y eliminará todo el pecado, la maldad, la rebelión, el odio, la injusticia y la mentira de este planeta. Oro en el nombre de Jesús que le concedas a tu pueblo... y a mí... la victoria en este día.

En tu nombre, *Jesús*, y para tu gloria.

Amén.

*El Señor desnudará su santo brazo*
*a la vista de todas las naciones,*
*y todos los confines de la tierra*
*verán la salvación de nuestro Dios.*

Isaías 52:10

# Oración por la liberación

Señor Dios:

Eres *Jehová Nissi*, el Señor nuestro Estandarte. Al sonido de tu nombre y ante tu presencia, nuestro estandarte de batalla, el enemigo entra en pánico. Las fortalezas caen. Los demonios huyen. La tierra tiembla. El cielo se estremece. Mis manos se elevan hacia tu trono y grito tu nombre: *Elohim*, Dios; *Yahvé*, el Señor; *Jehová Shalom*, el Señor nuestra Paz; *El Elyon*, Dios Santísimo; *Jehová Rohi*, el Señor nuestro Pastor; *Jehová Rafa*, el Señor nuestro Sanador*; Jehová Jireh*, el Señor nuestro Proveedor; *El Roi*, el Dios que me ve; *El Shaddai*, Dios Todopoderoso.

Acudo a ti ahora porque el enemigo ha irrumpido como una inundación. Levanto el estandarte de tu nombre contra él. Levanto el Espíritu de Verdad contra el engaño y las mentiras que con frecuencia atraviesan mi pensamiento y decisiones, socavando mi lealtad a ti.

Confieso todo pecado y me arrepiento de todo lo que puede darle entrada al enemigo a mi corazón, mente o cuerpo.

Me arrepiento…

… de cualquier asomo de orgullo, evidenciado en una mentalidad de "primero yo";

… de cualquier demostración de envidia cuando otros reciben más reconocimientos o elogios;

… del espíritu crítico que puede tomar el control de mis pensamientos y conversaciones, demandando que los demás cumplan con mis normas;

… de decir cosas que no son completamente ciertas para impresionar a los demás;

… de exagerar y tergiversar la verdad, escudándome en la justificación de que es una "mentirita piadosa", como si hubiera mentiras buenas y malas.

Lo siento.

Confieso y me arrepiento…

… de toda hipocresía, pretendiendo ser alguien que no soy;

… de cualquier frustración que me haga perder la paciencia y hablar airadamente.

Confieso que ha habido veces en que he perdido el control de mis emociones, pensamientos y palabras, dejando heridas verbales en los corazones de quienes me rodean.

Lo siento mucho.

Te pido que me limpies, que elimines todo pecado o debilidad espiritual que el enemigo pueda usar para tener acceso a mi vida. Satúrame con tu Espíritu, tu santidad, pureza, justicia, rectitud, poder, misericordia, gracia, verdad y amor. Cúbreme con tu sangre. Dame el valor para mantenerme firme contra el enemigo, sabiendo que, a través de la sangre derramada de Jesús, ya obtuviste la victoria. "¡Es tal tu fuerza y tu poder que no hay quien pueda resistirte".[77] Escúchame, oh Dios, cuando a ti clamo.

Ayúdame a confiar en tu liberación mientras levanto el estandarte de tu nombre: *Jesús*.

Amén.

Así que recomiendo, ante todo,
que se hagan plegarias, oraciones, súplicas y
   acciones de gracias por todos,
especialmente por los gobernantes y por todas
   las autoridades,
para que tengamos paz y tranquilidad, y
   llevemos una vida piadosa y digna.
Esto es bueno y agradable a Dios nuestro
   Salvador,
pues él quiere que todos sean salvos
y lleguen a conocer la verdad.

1 Timoteo 2:1-4

*No creo*
*que exista tal cosa*
*en la historia del reino de Dios*
*como una oración correcta*
*hecha con el espíritu correcto*
*que haya quedado sin respuesta para siempre.*

—THEODORE L. CUYLER

# Oración por la salvación de los miembros de la familia

Abba Padre:

Te alabo por ser Emanuel, Dios con nosotros. Tú —Elohim, El Elyon, YO SOY, Adonai, Jehová— te encarnaste y viniste a habitar en medio de nosotros. ¿Quién podría imaginar un amor tan grande como para crear un plan de redención que implicaría que abandonaras tu trono en los cielos, te confinaras en el vientre de una mujer por nueve meses, te sometieras al proceso del nacimiento humano, y entonces entraras en el tiempo y el espacio para estar con nosotros? Y lo hiciste cuando aún estábamos muertos en nuestros delitos y pecados de rebelión contra ti. ¡Todo porque nos amas! Dijiste que ya no nos llamarías siervos, sino amigos.[78] Cuando te recibimos por la fe, creyendo en tu nombre, nacimos en tu familia y ahora tenemos el derecho de ser llamados tus hijos,[79] y de llamarte Abba.[80]

La realidad de tu Hijo divino, que nació en una familia humana común y corriente, me recuerda tu deseo de entrar a mi familia. Confieso mi fracaso en la misión de interceder por las almas de mis seres queridos al no orar por ellos o advertirles que están destinados al infierno si no ponen su fe en Jesús. He permitido que mi temor de ofenderlos invalide mi amor por el Evangelio. Confieso que no he demostrado amor realmente cuando he aplaudido su éxito financiero, su notoriedad pública o su ascenso profesional como si todo eso fuera más importante que su condición espiritual. Confieso que, a veces, me he comportado como si mantener la paz fuera más importante que decir la verdad. O como si ser aceptado por la familia fuera más necesario que adherirse a tus principios o reflejar tu santidad. Lo siento, Señor.

Ahora, con mi corazón postrado delante de la cruz, intercedo por mi familia. Abba Padre, te pido que le proporciones a cada miembro de mi familia, cercana o extendida, el conocimiento salvador de Jesucristo antes de que llegue el momento del juicio, ya sea en tu regreso o en su muerte. Me abstendré de darte sugerencias sobre cómo hacerlo, pero te pido que salves a mis seres queridos. Arrebátalos del fuego. Arrástralos fuera de su pecado. Oh, Dios de misericordia, no puedo soportar pensar en irme al cielo sin ellos. Te doy permiso para hacer cualquier cosa que sea necesaria para que ellos lleguen allí.

Mientras tanto, por favor, úsame para mostrarle a alguien de mi familia el camino a la salvación. Hazme sensible a tu Espíritu para que pueda seguir su guía, vaya adonde me mande, hable con cualquier persona que coloque en mi camino, diga lo que ponga en mis labios y en mi corazón. Dame el gozo de ser la respuesta a la oración de otra persona, sirviendo de guía a sus seres queridos para que pongan su confianza en Jesús.

Padre misericordioso, oro en el nombre de tu Hijo y mi Salvador, cuyo sacrificio en la cruz me ha llevado a ser parte de tu familia. Oro en nombre de *Jesús*.

Amén.

*Toda verdadera oración
es simplemente pedir que se haga la voluntad
   de Dios,
la cual, ciertamente, se hará…
Nada escapa al alcance de la oración,
excepto lo que está fuera de la pura,
   bondadosa y salvadora voluntad de Dios.*

—Samuel Cox

# Oración de gratitud por el poder de la cruz

Amado Hijo del Padre:

Gracias por la cruz. Gracias porque tu sangre es tan poderosa hoy como lo fue hace dos mil años cuando se derramó la primera gota en el Calvario. Gracias porque es a través de esa sangre que tenemos redención y el perdón de los pecados. Gracias por limpiarnos de toda injusticia cuando llamamos al pecado de la misma manera como lo haces Tú y te confesamos con humildad y sinceridad nuestros pecados.

Caemos rendidos a los pies de la cruz y nos arrepentimos de todos los pecados que hicieron que tu muerte fuera necesaria. Cada pecado que aun hoy está provocando tu juicio.

Confesamos nuestra obsesión por el sexo, el dinero, el placer, el entretenimiento, la tecnología, la comida, la televisión, la popularidad, el egocentrismo.

Confesamos que ya no tenemos temor de ti y, por eso, ni siquiera tenemos el principio de la sabiduría para manejar el vasto conocimiento que poseemos.

Confesamos nuestra arrogancia y orgullo, que nos han llevado a pensar que somos suficientes por nosotros mismos.

Confesamos que hemos permitido que las bendiciones materiales que nos diste nos engañen hasta hacernos pensar que no te necesitamos.

Confesamos que nos sentimos con derecho a acceder a lo que otro ha ganado en vez de asumir nuestra responsabilidad por nosotros y nuestra familia confiando en ti.

Confesamos que vivimos como si la riqueza material y la prosperidad nos trajeran la felicidad.

Gracias porque todos nuestros pecados están clavados en la cruz y ya no cargamos con su pena o culpa.

Gracias porque invitas a los pecadores que han sido perdonados a acercarse a ti con un corazón sincero, con plena certidumbre de fe.

Gracias porque podemos pedir conforme a tu voluntad, sabiendo que nos oyes.

Te pedimos que hagas crecer dentro de nosotros una enorme obsesión de conocerte y de tener una relación personal e íntima contigo. Danos un espíritu que rechace la religiosidad, que no se conforme con saber acerca de ti o con realizar rituales y ceremonias o seguir tradiciones que nada tienen que ver con la fe. Condúcenos a abrazarte por completo, a cualquier precio. Abre los ojos de nuestro corazón para que podamos vivir con miras a la eternidad. Que el cielo esté continuamente en nuestro pensamiento y este mundo pierda su atractivo. Fortalece los lazos de fe que nos unen primero a ti y luego a los demás. Llénanos de tu poder para que podamos vencer las adicciones, los malos hábitos, las tentaciones pecaminosas y un discipulado a medias. En cambio, concédenos milagros en respuesta a nuestras oraciones. No para nuestro propio mérito, sino para que el mundo pueda saber que nuestro Dios es el Dios verdadero y responde a las oraciones de su pueblo cuando a Él claman. Condúcenos de regreso a tu Palabra. Danos oídos que puedan escuchar tu voz. Haz que nos postremos en oración. Ponnos cara a cara con la seriedad de los tiempos en que vivimos. ¡Despiértanos! No nos dejes ser tomados por sorpresa al final. Empújanos a regresar una y otra vez a la cruz y a guiar a otros con nuestro ejemplo antes de que sea demasiado tarde…

Con gratitud por la salvación y el perdón de los pecados que recibimos en la cruz, oramos en el nombre de tu Hijo y nuestro Salvador, *Jesús*.

Amén.

¡Qué hermosos son, sobre los montes,
los pies del que trae buenas nuevas;
del que proclama la paz,
del que anuncia buenas noticias,
del que proclama la salvación,
del que dice a Sión: "Tu Dios reina"!

ISAÍAS 52:7

## Oración para marcar la diferencia
## en un mundo que sufre

Bendito Padre celestial:

Todas tus promesas son confiables y verdaderas. Todas las preguntas de la vida hallan respuesta en ti. Eres el sustento de todas las cosas. Te alabo como el Origen de toda bendición, la Fuente de toda vida, el Manantial de sabiduría, la Llave del conocimiento, la Puerta a la gloria. Te adoro como Aquel que fortalece al cansado, aumenta la energía del que desfallece y ofrece una salida a los que están siendo tentados. Te alabo como Aquel que se compadece del herido, defiende al indefenso, enriquece al pobre, sustenta al desesperado y cobija al que no tiene techo. Tú le das un propósito al que no tiene rumbo, consuelas al solitario, haces fructificar al estéril, embelleces al manso, le brindas un futuro al desesperado y le insuflas vida a lo inerte.

Señor, confieso que a menudo he ignorado a las personas que necesitan tu amor y tu sanación. Consumido por mis propias preocupaciones y una agenda abarrotada, no he encontrado el tiempo para escuchar tu dirección y buscar oportunidades para hablarles de Jesús a los que me rodean. Perdóname, Padre.

En un mundo lleno de gente solitaria y atemorizada, dame un corazón que se rompa con las cosas que destrozan el tuyo. Dame compasión por un mundo perdido que agoniza, por las personas que amas. Dame un amor insaciable por tu Evangelio, por tu Hijo, por tu Palabra, por ti. Úsame para marcar una diferencia eterna en las vidas de los individuos que me rodean. Te pido humildemente que me permitas captar la atención de mis amigos, vecinos, compañeros de trabajo, de estudio, incluso la de mis enemigos, para que puedan ver mi ejemplo y...

... deseen conocerte porque me conocen a mí...,

... depositen su fe en ti porque yo soy digno de confianza...,

... crean en ti por lo que yo digo y por mi forma de expresarlo...,

... conozcan tu amor porque yo los amo...,

... sepan que Tú puedes darles victoria sobre el pecado porque mi propia vida lo demuestra...,

... tengan esperanza porque estoy sinceramente confiado...,

... vengan a ti buscando liberarse del poder del pecado porque yo digo la verdad con amor...,

... tengan paz porque yo no tengo miedo...,

... te busquen como la solución a lo que anda mal en su vida porque yo te estoy buscando...

Ahora, te pido que me ayudes a crecer hasta ser alguien que te refleje en todo lo que dice y hace.

Para la gloria de tu nombre, *Jesús*.

Amén.

*La oración es una conversación honesta y*
   *familiar con Dios,*
*a quien le declaramos nuestras miserias,*
*cuyo apoyo y ayuda imploramos y deseamos*
   *en nuestra adversidad,*
*y a quien loamos y adoramos por los*
   *beneficios recibidos.*

—JOHN KNOX

*Toda vida que ha de ser fuerte
debe tener su lugar santísimo
en el cual solamente entra Dios.*

—L. B. COWMAN

# Oración de dependencia del poder y la autoridad divina

Señor Jesucristo:

Te alabo porque eres el Cordero que fue inmolado, pero ahora está entronizado en el centro del universo como el Rey de reyes y Señor de señores, quien pronto regresará en poder y gloria. Eres Jesús, quien calmó los mares tormentosos con solo una palabra, transformó el agua en vino, le dio vista al ciego de nacimiento, resucitó a los muertos. Eres el mismo que estableció los límites de los océanos. El mismo que colgó las estrellas en el espacio y las llama a cada una por su nombre. El que recorre a grandes pasos los cuatro vientos de la tierra y para quien las nubes son el polvo de sus pies.

Elijo rendir mi vida a tu poder y autoridad, en una dependencia absoluta de tu control divino. Te pido que manifiestes tu poder y me ayudes a mantener la vista puesta en ti, sin importar lo que suceda en el mundo que me rodea. Te suplico que tu presencia impregne mi vida de tal manera que otros sean atraídos a ti; que tu poder en mi vida sea tan evidente que los espíritus malignos huyan; que tu brazo fuerte me rodee y esté por debajo de mí, cargándome cuando esté débil, cubriéndome cuando sea atacado, ayudándome cuando caiga, acercándome a tu corazón.

Humildemente, te pido todo esto para la gloria de tu gran nombre, *Jesús*.

Amén.

¿Está afligido alguno entre ustedes?
Que ore.
¿Está alguno de buen ánimo?
Que cante alabanzas.
¿Está enfermo alguno de ustedes?
Haga llamar a los ancianos de la iglesia
para que oren por él y lo unjan con aceite
en el nombre del Señor.
La oración de fe sanará al enfermo y el Señor
   lo levantará.
Y, si ha pecado, su pecado se le perdonará.
Por eso, confiésense unos a otros sus pecados,
y oren unos por otros,
para que sean sanados.
La oración del justo es poderosa y eficaz.

SANTIAGO 5:13-16

# Oración de contrición

Dios grande y asombroso:

Tu diestra, oh, Señor, es majestuosa en poder. En la grandeza de tu excelencia, derrotas a cada uno de los que se levantan contra ti; envías tu ira ardiente y los consumes como paja.[81] Aunque eres lento para la ira y grande en poder, no dejas a nadie sin castigo. Te abres paso en el torbellino y la tormenta, las nubes son polvo para tus pies.[82]

Oramos con un espíritu contrito. Estamos avergonzados y apenados de levantar nuestro rostro hacia ti porque nuestras iniquidades se han levantado sobre nuestra cabeza y nuestra culpa ha llegado hasta los cielos. Ahora pues, Dios, ¿qué diremos?

Hemos pecado y hemos actuado mal.

Hemos sido malvados y nos hemos rebelado.

Hemos cambiado la verdad de que fuimos creados por ti y para ti, y la hemos sustituido por la mentira de que somos dueños de nuestro destino.

Confesamos una indiferencia religiosa que te alaba de labios para afuera, pero que carece de una fe sincera; por tanto, tomamos decisiones y vivimos como ateos prácticos, como si no existieras.

Confesamos el odio generacional y los prejuicios raciales, que son como una plaga, perpetuando las divisiones, la destrucción y la confusión.

Eres misericordioso e indulgente, aunque nos hemos rebelado contra ti. Así que hoy venimos a ti con un espíritu contrito y humillado a confesar nuestro pecado y pedirte misericordia. Buscamos tu perdón. Abre nuestros ojos para ver quién eres realmente. No dejes que la religiosidad y los intereses personales nos sigan cegando. Te pedimos que te muestres con gran poder, que nos otorgues una fuerza sobrenatural para hacer justicia, recordar la misericordia y caminar con humildad junto a ti. Pedimos que tu diestra sacuda al enemigo para que no sean nuestras fuerzas ni nuestro poder los que alcancen la victoria, sino tu Santo Espíritu.

En el glorioso nombre de Jesús, que murió para hacernos libres.

Amén.

… si llamas a la inteligencia
y pides discernimiento;
si la buscas como a la plata,
como a un tesoro escondido,
entonces comprenderás el temor del Señor
y hallarás el conocimiento de Dios.
Porque el Señor da la sabiduría;
conocimiento y ciencia brotan de sus labios.

Proverbios 2:3-6

*Un cristiano de rodillas
ve más
que un filósofo de puntillas.*

—Dwight L. Moody

# Oración pidiendo sabiduría

Dios sabio:

Te alabo, Señor Jesús, porque eres la encarnación de la sabiduría divina.[83] Tus juicios son insondables. Tus caminos son inescrutables y tus pensamientos son más altos que los nuestros.[84] Tus planes nunca tienen un error. No hay accidentes cuando llevas a cabo tus propósitos. Nunca dudas de lo que has hecho o vas a hacer. Tienes la razón todo el tiempo, en todo sentido.

Confieso que poseo una actitud de familiaridad que tiende a reemplazar el temor reverencial hacia ti, que es el principio de la sabiduría. Reconozco la insensatez de negarte como el único y verdadero Dios viviente, a quien todos nosotros nos debemos. Me resisto a vivir como si mi existencia fuera un accidente cósmico sin valor eterno, propósito o significado. Decido creer en ti en vez de descansar en mi propio entendimiento. Elijo buscarte en oración en vez de poner mi confianza en la política, los programas gubernamentales o la asistencia familiar. Me arrepiento de sucumbir a veces a la sabiduría convencional y la opinión popular en vez de buscarte a ti primero y preguntarte lo que debo o no debo hacer.

Decido honrarte a ti como la fuente de vida, vivir con temor reverencial y respeto por ti, y conducir mi vida de acuerdo con los principios y valores que declaraste en tu Palabra. Necesito tu sabiduría cada hora de cada día para tomar decisiones, para que me orientes, para obtener discernimiento, para recibir los consejos que comparto con los demás y para una multitud de otras situaciones. Nos prometiste que, si te la pedíamos, nos la darías en abundancia sin hacernos sentir culpables por no poseerla.[85] Por eso, te pido ahora que me des tu verdadera sabiduría.

Te suplico que, cuando acuda a ti en busca de sabiduría, mi ejemplo sea contagioso y otros puedan ver que una vida vivida de acuerdo con tu sabiduría es posible. Te ruego que abras mis ojos espirituales para que pueda ver la insensatez de seguir a la multitud o de comprometer las verdades eternas porque algo no es políticamente correcto o de ceder a la presión de nuestros pares para conseguir la aceptación o de tratar de encajar en la cultura para no recibir críticas o ser apartados. Señor Dios, ¡no quiero desperdiciar mi vida! Te pido que abras mis ojos para poder reconocer las mentiras que niegan la verdad y las tergiversaciones que distorsionan la verdad, para que la sabiduría falsa —que en realidad es necedad— no pueda esconderse. Te pido que, generosamente, me otorgues la sabiduría que viene de lo alto y permitas que mi vida, mis palabras y mis prioridades les muestren tu persona y el Evangelio de manera eficaz a todos aquellos que encuentro en mi camino.

Humildemente te lo pido, para la gloria de tu gran nombre: *Jesús*.

Amén.

Por esta razón
me arrodillo delante del Padre,
de quien recibe nombre toda familia en el cielo
   y en la tierra.
Le pido que, por medio del Espíritu
y con el poder que procede de sus gloriosas
   riquezas,
los fortalezca a ustedes en lo íntimo de su ser,
para que por fe Cristo habite en sus corazones.
Y pido que,
arraigados y cimentados en amor,
puedan comprender, junto con todos los santos,
cuán ancho y largo, alto y profundo es el amor
   de Cristo;
en fin, que conozcan ese amor que sobrepasa
   nuestro conocimiento,
para que sean llenos de la plenitud de Dios.

EFESIOS 3:14-19

# Oración por la seguridad y prosperidad verdaderas

Señor Jesucristo:

Te alabamos como el Dios Todopoderoso, nuestro Dios asombroso que todo lo puede. Tú mides las aguas en el hueco de tu mano. Pesas las montañas en una balanza. Extiendes los cielos como una cortina. Tu inmensidad es imposible de comprender. Abres un camino donde no lo hay. Solo Tú tienes la fuerza para establecernos, preservarnos y hacer que prosperemos.

Nos arrepentimos de nuestra arrogancia y orgullo, que nos han llevado a pensar que podemos valernos por nosotros mismos.

Nos arrepentimos de creer que la prosperidad que disfrutamos es obra nuestra, mientras que rehusamos reconocer que todas las bendiciones proceden de tu mano.

Nos arrepentimos de buscar la ayuda que necesitamos en el presidente, el pastor, un sacerdote o un funcionario de gobierno antes de acudir a ti.

Nos arrepentimos de depender del ejército o las armas para protegernos del peligro y el daño mientras te ignoramos, desafiamos y negamos.

Nos arrepentimos de desobedecer tus mandamientos usando nuestra debilidad o cansancio como excusa.

Nos arrepentimos de vivir bajo la carga de nuestros problemas en vez de ponerla sobre tus hombros fuertes y competentes.

Elegimos confiar en ti y orar sin cesar.

Te pedimos que fortalezcas a tu pueblo con poder interior para que uno de nosotros sea tan fuerte como mil hombres.

Te pedimos que nos des profundas convicciones con respecto a la verdad de quién eres y de lo que has dicho, y el coraje para levantarnos y hablar en tu nombre.

Te pedimos que nos des experiencias milagrosas, capacitándonos para vivir en total dependencia de tus fuerzas, para que podamos gloriarnos en nuestra debilidad.

Te pedimos que nos des la bendita seguridad de que eres más poderoso en nosotros que el enemigo que está en este mundo, para que podamos enfrentarlo.

Recuérdanos que tu amor es más fuerte que el odio y que la luz de tu verdad nunca será vencida por la oscuridad de este mundo para que podamos proclamar con amor y valentía que la victoria ha sido ganada. ¡Porque Jesús salva!

Te lo pedimos con humildad, en tu gran nombre…, *Jesús*. Amén.

Pedimos que Dios les haga conocer
   plenamente su voluntad
con toda sabiduría y comprensión espiritual,
para que vivan de manera digna del Señor,
agradándole en todo.
Esto implica dar fruto en toda buena obra,
crecer en el conocimiento de Dios
y ser fortalecidos en todo sentido con su
   glorioso poder.
Así perseverarán con paciencia en toda
   situación,
dando gracias con alegría al Padre.
Él los ha facultado para participar de la
   herencia de los santos en el reino de la luz.
Él nos libró del dominio de la oscuridad
y nos trasladó al reino de su amado Hijo.

COLOSENSES 1:9-13

# Oración para vivir con audacia por la gloria de Dios

Señor Jesús, entronizado en lo alto:

Alabo tu nombre por sobre todo nombre. Te alzas en la soledad de tu ser. No hay nadie como Tú. Eres quien se sienta en el trono que está en el centro del universo. Eres el Creador, el Mesías, el Redentor de Israel, el Salvador del mundo, la Esperanza de los siglos. Solo Tú eres capaz de gobernar el mundo y cumplir el propósito del Padre para la raza humana; sin embargo, te humillaste al punto de morir en la cruz para dar tu vida en rescate por nuestros pecados. Tu grandeza me lleva al arrepentimiento de mi pequeñez…

Me arrepiento de cuidar más mi reputación que la tuya.

Me arrepiento de darte las sobras de mi dinero, las sobras de mi tiempo e incluso las sobras de mi amor, lo que implica que Tú eres lo segundo en mi vida.

Me arrepiento de las prioridades, comportamientos y decisiones que revelan que me exalto a mí mismo, mis amigos, mi familia y a otras personas —incluso mi cuenta bancaria— antes que a ti.

Me arrepiento de diluir mi testimonio acerca de ti hablando de la boca para afuera de tolerancia e inclusión.

Me arrepiento de decir que te honro cuando mi corazón se ha alejado de ti.

Me arrepiento de robarte la gloria debida a tu nombre.

Elijo buscar tu reino y tu justicia antes que todo lo demás, sentándote solo a ti en el trono de mi corazón. No valoro en nada mi vida para que Tú puedas ser el todo. Me abandono a tu voluntad. Lamento tener solo una vida para vivir dedicado a tu gloria y honor. En honor a tu nombre, elijo declarar públicamente que todos somos pecadores, que hay perdón en la cruz, que el único camino al Padre es a través de ti y que la vida eterna se encuentra solo mediante la fe en ti. Te pido que, al honrarte, Tú también me honres con tu favor y la buena voluntad de mi prójimo y mis compañeros de trabajo, que incluso aquellos que no creen en ti respeten tu nombre por la forma en que me ven honrarlo. Te pido que cuando tu nombre sea elevado, los espíritus oscuros huyan. Te pido que tu nombre sea una torre fuerte para quienes nos refugiamos en ti.

Con humildad, lo pido en el nombre de *Jesús*.

Amén.

Yo seguí hablando y orando al Señor mi Dios.
Le confesé mi pecado y el de mi pueblo Israel,
y le supliqué en favor de su santo monte. [...]
Y mientras yo seguía orando,
el ángel Gabriel [...] me hizo la siguiente
   aclaración:
"Tan pronto como empezaste a orar, Dios
   contestó tu oración.
He venido a decírtelo
porque tú eres muy apreciado".

DANIEL 9:20-23

# Oración pidiendo fuerzas para mantenerse firme

Palabra viva:

Te alabo porque eres el Logos supremo del universo. Eres la expresión externa y la revelación de la mente y la voluntad que ordenan y le dan sentido a todo. Eres el Creador glorioso y poderoso que entró en tu creación y se hizo parte de ella. ¡Qué asombroso que hayas venido a estar con aquellos que creaste, los que deberían haberte reconocido, recibido y adorado postrados a tus pies, pero en cambio te rechazaron![86] Te alabo por tu gran amor que perseveró a pesar del rechazo por el gozo que te esperaba.[87] ¡Es casi inconcebible pensar que nosotros somos tu gozo!

Ayúdame a vivir de tal manera que pueda ser tu gozo. Te reconozco como la Luz del mundo, no solo la luz para un grupo cualquiera de personas.[88] Tu nombre está sobre todo nombre y es el único mediante el cual podemos alcanzar la salvación;[89] solo a través de él soy salvo. Eres el Cordero de Dios sacrificado por mi pecado.[90] Eres el Señor resucitado que pronto regresará a gobernar el mundo como el Rey de reyes. Me postro en humilde y gozosa adoración ante ti y declaro mi lealtad.

Al procurar traerte deleite, viviré según tu Palabra y tu verdad. Mi visión de las cosas estará determinada por lo que Tú dices, no por la opinión popular o las normas culturales. Creo que Tú lo creaste todo porque así lo dijiste.[91] Entonces, rechazo la teoría de la evolución porque todo lo que creaste lo hiciste según su especie.[92] Y si bien puede haber una gran diversidad dentro de cada especie, estas no se pueden cruzar. Creo que solo existen dos géneros porque dijiste que los creaste varón y mujer.[93] Creo en el matrimonio entre un hombre y una mujer, porque dijiste: "Por eso el hombre deja a su padre y a su madre, y se une a su mujer, y los dos se funden en un solo ser".[94] Creo que toda vida humana es preciosa porque dijiste que la creaste a tu imagen.[95] Creo en el valor de la vida del no nacido porque dijiste que "Tú creaste mis entrañas; me formaste en el vientre de mi madre".[96]

Dame el valor, la fuerza y entereza para vivir según tu Palabra, incluso si los que me rodean creen en las mentiras del diablo. Tu Palabra es verdad. Ayúdame a aplicarla a los problemas actuales y a defender luego esa postura. Aunque las naciones se amotinen y los pueblos crean cosas vanas, yo estaré en pie sobre el fundamento que permanece firme.[97] Inamovible. Eterno. Porque estoy parado sobre la Roca.[98]

Al vivir de acuerdo con tu Palabra, permíteme reflejar tus valores ante aquellos que me observan para que puedan descubrir que, al permanecer en tu Palabra, están en el lugar más seguro que podría existir. Llama a tu remanente de seguidores, que nos mantendremos firmes en tu verdad y, habiendo hecho todo lo posible para transmitírsela a los demás, permaneceremos en ella aunque seamos los últimos en hacerlo.

Oro esto en el nombre de Aquel que es la Verdad: *Jesús*, la Palabra de vida.

Amén.

El que teme a Dios no le teme a ningún hombre.

El que se arrodilla ante Dios permanecerá en pie frente a cualquier situación.

—Leonard Ravenhill

*"Ahora bien —afirma el Señor—,*
*vuélvanse a mí de todo corazón,*
*con ayuno, llantos y lamentos".*
*Rásguense el corazón*
*y no las vestiduras.*
*Vuélvanse al Señor su Dios,*
*porque él es bondadoso y compasivo,*
*lento para la ira y lleno de amor,*
*cambia de parecer y no castiga.*

Joel 2:12-13

# Oración de confesión y arrepentimiento

Dios que hace y guarda pactos:

Tu misericordia perdura para siempre. Tu amor no tiene fin. Tu Palabra es eterna. Tu fidelidad es por todas las generaciones. Eres la Roca inamovible. Estás de nuestra parte. Nos has elegido y salvado. Generosamente, nos has dado todo lo que necesitamos para vivir una vida piadosa. De la plenitud de tu gracia, has derramado sobre nosotros bendición tras bendición.[99]

Pero nosotros no hemos correspondido a tu generosidad, a tus bendiciones y a tu misericordia como es debido.

Por lo tanto…

Confesamos nuestra ingratitud. No te hemos agradecido las bendiciones que nos diste antes y después de la salvación. En cambio, nos atribuimos el mérito de muchas de las bendiciones que proceden de tu mano.

Nos arrepentimos.

Confesamos que hemos dejado enfriar nuestro amor por ti. Perdimos nuestro primer amor, apasionado, emocional, afectivo y, en cambio, se lo hemos entregado a la cuenta bancaria, a nuestro equipo deportivo, a los placeres, a la profesión, a otras personas e incluso a nosotros mismos.

Nos arrepentimos.

Confesamos que hemos descuidado tu Palabra, la Biblia. Pasamos más tiempo leyendo blogs, noticias en línea, la última novela más vendida, nuestra publicación de negocios e incluso el manual del usuario del último "juguete" que adquirimos, que leyendo tu Palabra.

Nos arrepentimos.

Confesamos nuestra incredulidad. En realidad, pensamos que tus promesas son para otros o para otro momento. No creemos que en realidad "funcionen" para nosotros. Y por tanto, te hemos llamado mentiroso.

Nos arrepentimos.

Confesamos nuestra falta de oración. Les pedimos a los demás que oren por nosotros, pero no oramos por nosotros mismos. Fantaseamos, soñamos, nos dejamos llevar por meras ilusiones y le llamamos a eso "oración". Luego te echamos la culpa porque no respondiste.

Nos arrepentimos.

Confesamos nuestro amor por el mundo y las cosas materiales. Nos quejamos u ofendemos porque te debemos un mínimo del diez por ciento de nuestros ingresos, así que no te lo damos.

Nos arrepentimos.

Confesamos que te hemos robado el honor que mereces. Te damos las sobras de nuestro tiempo, pensamientos, emociones, dinero. Derrochamos el tiempo en cosas que no tienen valor eterno. Usamos los dones y talentos que nos has dado y cobramos a cambio. Estamos dispuestos a hacer por un precio lo que no haríamos para ti de forma gratuita.

Nos arrepentimos.

Santo Dios, con lágrimas en el rostro, sollozos en la garganta y el corazón avergonzado, "rasgamos nuestro corazón" de verdad, sinceramente, con valentía. Nos arrepentimos de nuestro pecado. No solo lo llamamos por su nombre, por lo que es a tus ojos, sino que nos alejamos de él. Reclamamos tu promesa del perdón de los pecados a través de tu sangre. Reclamamos tu promesa de que si confesamos nuestros pecados, serás fiel y justo para perdonarnos y limpiarnos.

Gracias por tu perdón. Gracias por la sangre que nos lava y purifica. Gracias porque nuestras lágrimas están en tu rostro. Gracias porque como nuestro Sumo Sacerdote, comprendes la culpa que sentimos por nuestro pecado.[100] Gracias porque aunque estabas libre de pecado, te hiciste pecado para que pudiéramos estar bien contigo.

Nos arrodillamos delante de ti en humilde gratitud.

En el nombre de *Jesús*.

Amén.

*Este es el mensaje*
*que hemos oído de él y que les anunciamos:*
*Dios es luz y en él no hay ninguna oscuridad.*
*Si afirmamos que tenemos comunión con él,*
*pero vivimos en la oscuridad,*
*mentimos y no ponemos en práctica la verdad.*
*Pero, si vivimos en la luz,*
*así como él está en la luz,*
*tenemos comunión unos con otros,*
*y la sangre de su Hijo Jesucristo*
*nos limpia de todo pecado.*

1 Juan 1:5-7

# Oración para que se restaure la belleza en el cuerpo de Cristo

Cabeza viviente:[101]

Te alabamos como un Dios "sencillo y en sandalias", que descendió para revelarnos a la perfección el carácter del Padre. Cuando queremos saber cómo es Dios, te miramos a ti. Cuando queremos saber lo que hay en su corazón, te miramos a ti. Cuando queremos conocer lo que Dios piensa sobre nosotros, te miramos a ti. Tú iluminas la oscuridad de nuestras circunstancias y la confusión caótica de nuestro mundo, dándonos esperanza para el futuro. Eres la maravillosa, eterna y todopoderosa Luz que ilumina nuestros corazones para que no andemos en la oscuridad del engaño, el temor, la ignorancia y la maldad, sino en el amor y a la luz de tu gloria. En tu luz podemos vernos a nosotros mismos y nos arrepentimos de nuestro pecado.

Nos arrepentimos de manchar tu gloria con nuestra amargura, mezquindad, resentimiento, orgullo, rudeza, falta de compasión, pretensiones de superioridad moral y cualquier otro pecado que haga que los demás piensen mal de ti.

Nos arrepentimos de darles a los demás la impresión de que toleras el pecado en nuestra vida porque nosotros lo hacemos.

Nos arrepentimos de esconder tu gloria detrás de nuestras lealtades denominacionales, que nos llevan a divisiones y exclusivismos que hacen sentir a los demás que están en la periferia de nuestro círculo íntimo y, por lo tanto, se sienten alejados de ti.

Nos arrepentimos de atacar verbalmente a los que han sido lastimados y así perpetuar el círculo de dolor dentro de tu Cuerpo, opacando el resplandor de tu amor, tu gracia y tu misericordia incondicionales.

Nos arrepentimos de alejarnos de tu luz maravillosa para regresar a las zonas oscuras donde habitan recuerdos tristes, viejos hábitos, relaciones prohibidas y placeres seductores.

Nos arrepentimos de darte la gloria al tiempo que nos adjudicamos una comisión del diez por ciento.

Decidimos darte toda la gloria y reflejarla de manera apropiada y atractiva a través de la poderosa presencia de tu Espíritu Santo en nosotros para que otros sean atraídos irresistiblemente a ti. Te pedimos, mientras nos arrepentimos de nuestro pecado, que nos limpies y nos llenes de ti para que tu Iglesia se llene de tu gloria. Te pedimos que tu Iglesia..., tu cuerpo... sea una vez más la luz del mundo, como una ciudad en lo alto de una montaña que atrae a los perdidos al hogar. Te pedimos que la conducta y el carácter de cada uno de nosotros, como miembros de tu cuerpo, hagan que otros te conozcan, te amen y pongan en ti su esperanza, nuestra cabeza viviente.[102]

Te pedimos con humildad, para la gloria de tu gran nombre, *Jesús*.

Amén.

---

*La cámara secreta de oración
es
un campo de batalla sangriento.*

—O. Hallesby

# Oración para vencer el mal con el bien

Señor Jesucristo:

Te alabamos como Aquel que declara su gloria y grandeza mediante la creación. Los cielos que se levantan como una tienda para el sol hablan de tu inmensidad. El sol que indefectiblemente sale y se pone cada día nos habla de tu fidelidad. Los millares de estrellas que titilan como diamantes en la oscura vastedad del cielo nocturno revelan tu extenso conocimiento personal, ya que las llamas a cada una por su nombre. Los límites que estableciste en las costas para las olas del mar nos hablan de tus leyes, que son para nuestro bien. Los gorriones que ves caer y los lirios del campo a los que vistes nos señalan tu atención individualizada, compasiva y personal.

Te adoramos como nuestro Creador porque fuimos maravillosamente creados a tu imagen, con la capacidad de conocerte en una relación personal. Tú conoces nuestros pensamientos antes de que se conviertan en palabras. Le pusiste número a nuestros días y los registraste en tu libro antes de que naciéramos. Conoces nuestras idas y venidas. Sabes cuándo nos levantamos y cuándo nos acostamos. Te adoramos, Cordero inmolado, digno de toda alabanza. Nuestro corazón anhela ese día en que nos reuniremos en torno a tu trono y veremos con nuestros propios ojos a los ángeles y a los pueblos cuyo número es tan inmenso como para ser contado, y escucharemos con nuestros propios oídos a la multitud, clamando con tal unidad que sonará como una sola voz: "¡Digno es el Cordero, que ha sido sacrificado, de recibir el poder, la riqueza y la sabiduría, la fortaleza y la honra, la gloria y la alabanza!".[103] El universo entero rugirá en aclamación y adoración a ti.

Oímos el seseo de la serpiente antigua, el diablo, en las mentiras, blasfemias y profanidades que bombardean nuestros oídos. Con tácticas diseñadas para socavar nuestra confianza en ti como el Señor Supremo del universo, se presenta ante nosotros como ángel de luz, tratando de engañarnos, debilitarnos, distraernos, dividirnos, devorarnos y, finalmente, destruirnos.

Pero ya basta. Hoy no.

En este día, como tu ejército poderoso, en el nombre de nuestro Señor Jesucristo, el León de Judá, el capitán de las huestes celestiales, nos enfrentamos al diablo, sus demonios y a todos aquellos que él está usando para sus propósitos malvados. Ordenamos que el enemigo y sus espíritus sean atados, confundidos y pierdan su poder. Ordenamos que las estrategias y los planes diabólicos que el enemigo está tramando contra tu pueblo sean frustrados y que todo lo que el enemigo intente hacernos caiga sobre sí mismo. Levantamos en alto la cruz como nuestro estandarte de batalla. Protégenos y líbranos del mal, oramos de todo corazón. Danos la confianza de que son más los que están con nosotros que los que están de parte de ellos. Que más poderoso es el que está en nosotros que el maligno que está en este mundo. Úsanos para rescatar a los que el enemigo tiene cautivos y arrebatarlos del fuego. Santísimo Padre, te pedimos que venga tu reino, que se haga tu voluntad aquí en la tierra como en el cielo. Que resplandezca tu luz en cada lugar recóndito de nuestro mundo donde el enemigo parece reinar: prisiones, instituciones religiosas, aquelarres, prostíbulos y otros lugares demasiado terribles como para mencionarlos. Revélanos cómo resistir y vencer al enemigo. Ayúdanos a fortalecer a otros para que se mantengan codo con codo con nosotros en la batalla contra el enemigo.

Oramos en el nombre del victorioso León de Judá, *Jesús*. Amén.

La entrega a Dios para buscar su gloria
y
la expectativa de que Él nos mostrará su
gloria en respuesta a nuestra oración
son lo mismo en el fondo:
el que busca la gloria de Dios la verá
en respuesta a su oración.

—ANDREW MURRAY

# Oración personal

Ustedes son la sal de la tierra.
Pero, si la sal se vuelve insípida,
¿cómo recobrará su sabor?
Ya no sirve para nada,
sino para que la gente la deseche y la pisoteé.
Ustedes son la luz del mundo.
Una ciudad en lo alto de una colina no puede
   esconderse.
Ni se enciende una lámpara para cubrirla
   con un cajón.
Por el contrario, se pone en la repisa
para que alumbre a todos los que están en la
   casa.

MATEO 5:13-15

# Oración para ser sal y luz

Padre de nuestro Señor Jesucristo:

Venimos a ti en el nombre de Aquel por medio de quien "fueron creadas todas las cosas en el cielo y en la tierra, visibles e invisibles, sean tronos, poderes, principados o autoridades".[104] Venimos a ti en el nombre del Creador, que se convirtió en nuestro Salvador, ascendió a los cielos y se sentó a tu diestra, y tiene toda autoridad bajo sus pies.[105] Venimos a ti con humildad, pero valientemente, porque hemos sido invitados a venir.[106] Venimos con confianza por el camino que abrió para nosotros la sangre de tu Hijo, que está sentado a tu diestra y tiene autoridad sobre todo.[107] Venimos a ti con un corazón sincero, con la plena certeza de la fe de que nos recibirás, nos escucharás y responderás nuestras oraciones.[108] Oye nuestra plegaria en el nombre de Jesús.

Confesamos que, como tu pueblo..., tu Iglesia..., nos hemos desviado de tus mandamientos y tu Palabra. Defendemos el derecho a colocar los diez mandamientos en la pared de una corte, pero ni siquiera recordamos cinco de ellos. Clamamos por avivamiento, pero estamos demasiado ocupados como para volvernos a ti en oración y ayuno, en confesión y arrepentimiento de nuestros pecados. No declaramos todo el consejo contenido en la Palabra por temor de ofender a nuestros oyentes. Nos hemos avergonzado de ti y tus palabras, de alinearnos con la verdad por temor de ser malinterpretados, despreciados, marginados o rechazados por los que nos rodean. Para nuestra vergüenza, la lista de nuestros pecados es interminable. Estamos muy arrepentidos. Nos alejamos de nuestro pecado y volvemos la mirada a ti buscando tu rostro.

Nos humillamos y te pedimos que tu nombre sea glorificado en nosotros y a través de nosotros. Oramos para que tu Hijo sea exaltado primero en nuestros corazones, luego en nuestras familias, iglesias y en toda la nación. Jesús prometió que cuando fuera elevado atraería a todos a su presencia. ¡Te ponemos en alto, Señor! Y al hacerlo, pedimos con confianza que enciendas nuestro corazón y nos impulses a compartir las buenas nuevas de tu amor por los pecadores y tu esperanza para un mundo quebrantado. Vuelve los corazones de tu pueblo a la adoración; que te magnifiquen de tal modo que las personas que los observan sean conducidas a ti. Utiliza los problemas, las presiones y el dolor; las pruebas, problemas y traumas que experimentamos como una vitrina para mostrar tu gloria; para que, cuando otros vean nuestro amor, gozo, paz, paciencia, bondad, benignidad y dominio propio, sepan que están viendo a Jesús en nosotros y deseen conocerte también. Que nosotros, tu pueblo, seamos valientes para declarar el fuerte y poderoso nombre de Jesús.

En este día, elegimos seguir a Jesús porque queremos conocerlo más y sentir el poder de su resurrección en nuestra vida cotidiana. Estamos dispuestos a participar en tus sufrimientos.[109] Levántanos como un Cuerpo de creyentes que sea un faro de luz, un heraldo de buenas nuevas, una demostración de tu amor, una trompeta de la verdad, un sanador de corazones heridos que ofrece tu consuelo y un embajador de tu paz. Que podamos ser la sal y la luz que nos ordenaste que fuéramos. Purifícanos. Mantennos alerta, preparados y listos como una Novia gloriosa, sin mancha ni arruga, para recibir a nuestro Novio sin tener que avergonzarnos cuando Él venga. Usa nuestra expectativa para encender la esperanza en otros.

Elegimos redimir el tiempo que nos queda para no desperdiciar ni un momento y poder invitar a todos a vivir contigo por la eternidad, explicándoles con claridad cómo pueden estar seguros de que sus nombres están escritos en el libro de la vida del Cordero.[110]

Te lo pedimos en el nombre de Aquel que pronto regresa: *Jesús*.

Amén.

¡Levántate y resplandece, que tu luz ha llegado!
¡La gloria del Señor brilla sobre ti!
Mira, las tinieblas cubren la tierra,
y una densa oscuridad se cierne sobre los pueblos.
Pero la aurora del Señor brillará sobre ti;
¡sobre ti se manifestará su gloria!

Isaías 60:1-2

# Oración suplicando un derramamiento del Espíritu Santo

Dios de Elías:

Tú eres el Señor de señores y el Rey de todos los reyes. Te alabo como el Alfa y el Omega, el principio y el fin. La historia de la humanidad comenzó en respuesta a tu poderosa Palabra y, tal como la conocemos, terminará con tu orden sonora, con la voz del arcángel y el sonido de la trompeta. Resucitarás a los muertos que hayan puesto su confianza en ti. De repente, en un abrir y cerrar de ojos, nosotros, tu pueblo, que te amamos y confiamos en ti; que estamos vivos en la tierra, seremos arrebatados en el aire contigo y los muertos que hayan resucitado, y viviremos para siempre en tu hogar celestial. ¡Contigo! ¡Aleluya!

A la luz de esta verdad, incluso si estoy asombrado por la magnificencia de tu gloria, me maravillo de cómo me he vuelto tan egocéntrico. ¿Por qué mi espíritu es a menudo tan apático e incluso apagado? ¿Por qué mis días no están centrados en amarte y obedecerte, compartiendo acerca de ti con los que me rodean? ¿Cuándo fue que la luz de tu verdad se apagó y el llamado de la trompeta se silenció en mi interior? Reconozco que un día estaré delante de ti y rendiré cuentas sobre la forma en que he vivido, las palabras que he dicho, las actividades en las que he desperdiciado mis días. Me estremezco pensando en lo que dirías si ese día fuera hoy. Humildemente, te imploro que aceptes mi confesión y arrepentimiento.

Anhelo que tu gloria sea evidente en mi vida. Eres el mismo a quien Elías clamó en el monte Carmelo. Elías te obedeció cuando se enfrentó a la maldad de su época. Confió plenamente en ti cuando confrontó al malvado rey Acab y a los sacerdotes de Baal, cuando edificó el altar y luego lo empapó en agua. Esperó que honraras su obediencia y dependencia cuando públicamente invocó el fuego del cielo. ¡Y el fuego cayó![111] Oh, Dios de Elías, hazlo otra vez. Tú eres el gran YO SOY; eres el mismo ayer, hoy y siempre. Te pido un derramamiento de tu Espíritu en mi nación, mi iglesia, mi familia, ¡en mi vida! Envía tu Espíritu en su plenitud pentecostal. Cautívame con tu amor. Rasga mi corazón con profunda convicción y dolor por el pecado. Reavívalo y llénalo de vida abundante. Enciéndelo con una pasión pura y santa para amarte y vivir para ti y tu gloria solamente. Entonces, úsame para traer avivamiento a los corazones de tu pueblo. Úsame, Señor, como un mensajero de salvación. Satura cada fibra de mi ser con tu santidad, pureza, justicia, rectitud, poder, misericordia, gracia, verdad y amor. Satúrame de ti. Reaviva la confianza en mi fe y la autenticidad de mi relación personal contigo. Te lo pido por favor.

Para la gloria de tu gran nombre, *Jesús*.

Amén.

*En la quietud de la resurrección,
radica el poder de la resurrección,
y la oración y la alabanza de la confianza
pueden glorificar cada hora.*

—EMILY STEELE ELLIOTT

# Una oración para vivir por un propósito superior

Dios Padre:

Vengo a ti en agradecida adoración. Como Soberano del universo, manifiestas tu amor, derecho y justicia.[112] Y has sido muy bueno conmigo. Has derramado tus bendiciones, comenzando por el regalo de la vida. Respiro gracias a ti. Y luego derramas bendición sobre bendición.

Confieso que muchas veces he dado por sentada mi relación contigo y el don de tu presencia. No te conozco tan bien como debería porque no busco el tiempo para estar contigo, leer tu Palabra, escuchar tu voz, confiar en ti y prestar atención a los estímulos del Espíritu Santo.

Hoy elijo devolverte la vida que me has dado. Elijo vivir para un propósito mayor que solo mi propio placer. Te pido que mi vida sea un reflejo de tu amor, santidad y gloria. Edifícala sobre el cimiento firme de la fe en ti. Utiliza mis momentos y mis días, Señor, para tu propósito divino y tu gloria. Que mis palabras y acciones sirvan para fortalecer la fe de otros cuando te busco pidiendo tu sabiduría, tu guía, tu protección, tu paz, el poder para marcar una diferencia en el mundo que me rodea.

En el nombre de *Jesús*, te lo pido.

Amén.

*Pero ustedes son linaje escogido,*
*real sacerdocio,*
*nación santa,*
*pueblo que pertenece a Dios,*
*para que proclamen las obras maravillosas*
    *de aquel que los llamó*
*de las tinieblas a su luz admirable.*

1 PEDRO 2:9

# Oración personal

*No es por medio de sermones elocuentes*
*que las almas que perecen pueden ser*
*alcanzadas;*
*necesitamos el poder de Dios*
*a fin de que pueda descender la bendición.*

—Dwight L. Moody

# Oración por las futuras generaciones

Dios de Abraham, Isaac y Jacob:

Has sido nuestro refugio a través de todas las generaciones.[113] Tu fidelidad, tu renombre, tus promesas, tu pacto, tu autoridad y tu gloria permanecen año tras año, década tras década, siglo tras siglo, milenio tras milenio.[114] No has cambiado desde el principio. Tu Palabra está firme para siempre.[115] Ni un punto ni una coma, ni un solo signo de puntuación pasará hasta que todo se haya cumplido.[116] Lo que Tú dices es así. Dices lo que piensas y piensas lo que dices. Eres es el fundamento sobre el que se erige toda forma de vida.[117] El temor de ti es el principio de la sabiduría.[118] La obediencia a ti trae la bendición; la desobediencia es una invitación al desastre.

Cuando pienso en mi generación y en las que le siguen, quedo consternado. Estamos en caída libre, tanto en lo espiritual como en lo moral. Una gran oscuridad de engaño, mentira, incredulidad, ignorancia y maldad cubre la tierra. La gente vive como si no existieras. Tiemblo al pensar lo que enfrentarán las futuras generaciones, la generación de mis hijos y la de mis nietos. A menos que reconstruyamos los cimientos de una fe auténtica, nuestra nación se desmoronará. Se está desmoronando ahora mismo.

En medio de la agitación política, la división racial, la agitación social, la incertidumbre financiera y el caos mundial, oro seriamente por mis hijos y mis nietos.

Te pido que sean luz en la densa oscuridad moral y espiritual.[119]

Te pido que amen tu Palabra y la obedezcan en su totalidad, y sean, por lo tanto, bendecidos en su hogar y familia, en sus negocios y profesiones, en sus vecindarios y ciudades.[120]

Te pido que los llenes del conocimiento de tu voluntad, con sabiduría y entendimiento espiritual.

Te pido que vivan vidas dignas de tu nombre, agradándote en todo y dando muchos frutos eternos, para que cuando te vean cara a cara reciban tu recompensa.

Te pido que les des Espíritu de sabiduría y revelación para que crezcan en el conocimiento de ti y en su relación contigo, así como en piedad.

Te pido que los fortalezcas en todo poder según tu gloriosa fuerza para que sean constantes y determinados en esta sociedad cada vez más impía.

Te pido que siempre estén conscientes de tus bendiciones para que vivan con una actitud gozosa a pesar de lo que la vida les depare.[121]

Te pido que los ojos de su corazón sean iluminados para que conozcan la esperanza del cielo, para que sean apasionados en su determinación de un día habitar en tu presencia y en su deseo de vivir para ti ahora.

Te pido que tengan un profundo entendimiento de la herencia que les has confiado, usándola para tu gloria y no para su propio beneficio.[122]

Te pido que sean llenos de tu Espíritu y, por lo tanto, sean valientes en su predicación, y no se avergüencen nunca de dar testimonio de ti y de tu Evangelio.[123]

Te pido que no se dejen seducir por el amor al dinero y las cosas materiales, y, en cambio, sigan la justicia, la piedad, la fe, el amor, la constancia y la humildad.[124]

Te pido que sean sagaces para discernir lo que es bueno e inocente de lo que es malo.[125]

Te pido que le den más valor a la pureza que a la popularidad.

Redime mis fracasos y los errores que he cometido en la crianza de mis hijos. Ayuda a mis hijos y nietos a vencer las consecuencias de mis propios pecados. No permitas que se alejen de ti a causa del pecado, el secularismo y el egoísmo. Anhelo verlos un día presentándose ante tu gloriosa presencia sin faltas y con gran gozo.[126]

En ese día, humildemente, me arrodillaré y te adoraré por tu bondad, gracia y fidelidad con todas las generaciones.

Para la gloria de tu gran nombre, *Jesús*.

Amén.

¡Qué hermosos son, sobre los montes,
los pies del que trae buenas nuevas;
del que proclama la paz,
del que anuncia buenas noticias,
del que proclama la salvación,
del que dice a Sión: "Tu Dios reina"!

Isaías 52:7

# Oración por los que tienen una mentalidad misionera

Salvador del mundo:

Tu amor por los pecadores perdidos es casi incomprensible. Nos has librado del poder del pecado. Destruiste el poder del sepulcro.[127] Por medio de tu muerte, venciste al que tenía el poder sobre la muerte —es decir, al diablo—, liberándonos del temor a la muerte que nos mantenía sometidos aun en vida.[128] A través de la fe en ti, recibimos el perdón de los pecados, la salvación del infierno, la vida eterna, un hogar celestial y ¡miles de bendiciones! Sabemos quiénes somos, por qué estamos aquí y hacia dónde vamos. La vida tiene un propósito, un sentido y una significación eterna.

Con unas noticias tan buenas, ¿cómo vamos a quedarnos callados? ¡Simplemente, no podemos! Nos sentimos impulsados a contarles a otros que hay un Dios que los ama. Que hay un Salvador. Que hay ayuda divina en el presente y esperanza para el futuro. Que sus vidas tienen un propósito eterno. Gracias por el privilegio de poder compartir el Evangelio con otros.

Si estoy lleno de tu Espíritu Santo, sin duda alguna, estaré lleno también de tu amor por un mundo perdido y agonizante de pecadores que se han apartado de ti. Sin embargo, confieso que no siempre he estado alerta y atento para hablar de ti. He dejado pasar muchas más oportunidades de las que he aprovechado. Me ha vencido la timidez. He sentido vergüenza, temor de entrar en una conversación y que se torne más profunda o tensa de lo que puedo llegar a manejar. Gracias por recordarme que, aunque no me ordenas lograr que las personas vayan a la cruz, sí me ordenas que sea fiel. Gracias porque cuando soy fiel al compromiso de dar a conocer la verdad, el Espíritu Santo obra en los corazones de aquellos con los que hablo, los convence del pecado y de su necesidad de estar bien contigo.[129]

Oro por aquellos que han dedicado su vida a llevarles a otros el Evangelio. Los evangelistas, los predicadores y, especialmente, los misioneros que dejaron el confort y la conveniencia de lo familiar para dar un paso de fe y llevar las buenas nuevas a las naciones del mundo. Por favor, provéeles el pan diario. Llévalos a tu Palabra y dales conocimientos, revelaciones personales y entendimiento para fortalecerlos en la tarea que les asignaste. Atráelos a ti en oración. Refresca su espíritu con el agua viva para que se alivien sus cargas. Llénalos de tu Espíritu hasta rebosar, de modo que su fe se vuelva contagiosa. Permíteles tener una vislumbre del fruto eterno para que eso los anime a perseverar. Abre sus ojos espirituales a ese día futuro en que tu trono estará rodeado de personas de toda tribu, lengua y nación que fueron compradas con tu sangre.[130] Personas que estarán allí porque han sido fieles en su compromiso de proclamar tu verdad aquí. Dales un fuerte apoyo de parte de las iglesias que los envían. No solo en lo material y económico, sino también en el cuidado personal, en el interés y compasión expresados en oraciones, correos electrónicos, cartas y equipos que los visiten. Protégelos a medida que avanzan en el territorio del enemigo. Dales la victoria sobre el maligno. Pon guardias de ángeles alrededor de su matrimonio e hijos. Forma a sus hijos para que sean la próxima generación de misioneros, evangelistas y predicadores cuyos corazones estén ardiendo por compartir el Evangelio motivados por lo que han observado en sus propios hogares.

Por último, oro por que soples el viento de tu Espíritu sobre sus palabras y sus obras hasta que venga tu reino y se haga tu voluntad en la tierra como en el cielo.[131] Anhelamos el día en que el reino de este mundo se convierta en el reino de nuestro Señor y su Cristo, y Él reine por los siglos de los siglos.[132] Con este fin, danos una mentalidad más misionera.

En el poderoso nombre del que dejó las comodidades de su hogar celestial para salvarnos: *Jesús*.

Amén.

Por lo tanto,
gustosamente haré más bien alarde
de mis debilidades,
para que permanezca sobre mí el poder de Cristo.
Por eso
me regocijo en debilidades, insultos,
privaciones, persecuciones y dificultades
que sufro por Cristo;
porque, cuando soy débil, entonces soy fuerte.

2 Corintios 12:9-10

# Oración para permanecer enfocados

Señor justo y verdadero:

Reconozco que eres el Señor. Señor del universo, Señor de este planeta, Señor de esta nación, Señor de esta ciudad, Señor de esta comunidad, Señor de mi vida… Señor de señores. Te doy gracias y te alabo, oh, Señor, por tus bendiciones y tu gracia.

Humildemente, confieso que, a menudo, le doy más importancia a las presiones y el estrés de las circunstancias que me rodean que a tu plan soberano y tu asombroso poder. Busco la sabiduría terrenal en lugar de correr a ti en busca de tu sabiduría perfecta. Me jacto de mi propia fuerza en vez de apoyarme en la tuya y tiendo a desviar mi atención de… ti.

Señor, ayúdame a no olvidar que, en un mundo de confusión, Tú eres el camino. En un mundo de corrección política, Tú eres la verdad. En un mundo de muerte, Tú eres la vida eterna.

Al concentrarme otra vez en ti y en tu Palabra, dame sabiduría para tomar las decisiones correctas. Dame valor para oponerme a lo que está mal. Dame paciencia para llevar adelante mis relaciones con gracia y verdad, como un reflejo de la luz de tu amor que trae vida a todos los que se relacionan conmigo. Dame todo lo que necesito para que otros vean a Jesús en mí.

Dios, oro por estas cosas no porque las merezca, sino porque me invitaste a pedir con confianza tus bendiciones en el nombre de tu Hijo, nuestro Salvador, *Jesús*.

Amén.

*El significado de la oración
es que nos aferramos a Dios,
no a la respuesta.*

—OSWALD CHAMBERS

# Oración personal

Oh Dios, tú eres mi Dios;
yo te busco intensamente.
Mi alma tiene sed de ti;
todo mi ser te anhela,
cual tierra seca, extenuada y sedienta.
Te he visto en el santuario
y he contemplado tu poder y tu gloria.
Tu amor es mejor que la vida;
por eso mis labios te alabarán.
Te bendeciré mientras viva,
y alzando mis manos te invocaré.
Mi alma quedará satisfecha
como de un suculento banquete,
y con labios jubilosos
te alabará mi boca.

SALMOS 63:1-5

# Oración de adoración por el Amado

Amado de mi alma:

Mi corazón gime por ti. Tu amor es más precioso que los placeres que este mundo tiene para ofrecer. Tus nombres son como perfume para mi espíritu. Redentor, Sanador, Salvador, Pastor, Maestro, Señor y Rey. Yeshúa. Anhelo estar cerca de ti.[133]

Confieso que soy un pecador, imperfecto en cuerpo, alma y espíritu. Pero Tú me has salvado, perdonado, redimido, lavado y —qué maravilla— ¡me has amado! Te regocijas por mí con cánticos. Soy tu deleite[134] y Tú eres el mío. Me deleita estar en tu presencia a través de la oración. Me deleita leer tu Palabra y escuchar tu susurro en mi corazón. Me deleita identificarme contigo a pesar de lo que los demás puedan decir o pensar. Y entonces, alzo los ojos y veo que has levantado sobre mí tu bandera de amor porque te deleitas en que otros sepan que Tú eres mío y yo soy tuyo.[135]

En las aguas profundas del dolor y la angustia, has estado conmigo. En las fuertes pruebas o amenazas a mi salud, has estado conmigo.[136] Cuando atravesé el valle de sombra de muerte, estuviste conmigo.[137] Me abrazaste y me cargaste como un Padre carga a su hijo. Me acunaste con ternura como una madre lleva a su bebé.[138]

Cuando otros me difamaron o traicionaron, cuando fui atacado o perseguido, fortaleciste mi espíritu en lo íntimo de mi ser.[139] Cuando padecí dolor físico o emocional, pusiste tu río profundo de paz dentro de mi alma.[140] Me has brindado momentos de gozo en tiempos de desesperación. Puro gozo que brota de la fuente interior de mi relación contigo y llena mi corazón. Me has dado la esperanza de que, a pesar de la pérdida y el duelo, lo mejor está por venir.

Me has dado sabiduría para manejar las decisiones más importantes de la vida.[141] Me has ofrecido oportunidades de hablar en tu nombre y de alzarme en tu favor. Has abierto puertas que otros dijeron que estaban cerradas para mí y has cerrado algunas para mantenerme en el centro de tu voluntad.[142] Me has llamado a tener comunión contigo,[143] y luego me has enviado a una misión tras otra y estas han dado fruto eterno.[144]

Eres tan hermoso como la luna, tan brillante como el sol, tan majestuoso como las estrellas en el cielo nocturno.[145] Tú eres mío y yo soy tuyo. Todo mi deseo es para ti.[146] Quiero vivir a la luz de tu presencia. Quiero estar más cerca de tu corazón, hasta que vea tu rostro cara a cara, y eso será el cielo para mí.

En el nombre del Amado que viene para recibirme y llevarme con Él, *Jesús*.

Amén.

Bendito sea el Señor, Dios de Israel,
porque ha venido a redimir a su pueblo.
Nos envió un poderoso Salvador
en la casa de David su siervo
(como lo prometió en el pasado por medio de
   sus santos profetas),
para librarnos de nuestros enemigos
y del poder de todos los que nos aborrecen;
para mostrar misericordia a nuestros padres
al acordarse de su santo pacto.
Así lo juró a Abraham nuestro padre:
nos concedió que fuéramos libres del temor,
al rescatarnos del poder de nuestros enemigos,
para que le sirviéramos con santidad y justicia,
viviendo en su presencia todos nuestros días.

LUCAS 1:68-75

# Oración para experimentar la santidad

Santo Señor, Cordero de gloria:[147]

Aparto estos momento para levantar la mirada. Veo que eres excelso y sublime, y estás sentado en el trono de mi corazón. Reconozco tu autoridad y grandeza. Nadie es más asombroso ni más alto que tú. En la quietud, puedo oír el coro de adoración angelical cantar: "Santo, santo, santo es el Señor Todopoderoso".[148]

Eres misericordioso. ¡Sí, lo eres!

Eres amoroso. ¡Sí, lo eres!

Estás lleno de gracia. ¡Sí, lo estás!

Eres bondadoso. ¡Sí, lo eres!

Eres fiel. ¡Sí, lo eres!

Te amo por la belleza de tu persona. Pero no sería honesto si no reconociera además que no puedes negarte a ti mismo. Y también eres justo, santo, recto. Y un Señor justo, santo y recto exige un juicio por el pecado. Ese es el mensaje de la cruz. Si no tuviéramos que dar cuentas del pecado, no sería necesaria. La cruz revela cuánto aborreces el pecado. Moriste para que los pecadores pudieran vivir libres del castigo del pecado. Resucitaste para que los pecadores pudieran morir al poder de este.

En la cruz te veo, santo Cordero de gloria, dando tu vida por personitas hechas de polvo y quedo perplejo ante la presencia del Salvador crucificado. La cruz no solo revela la atrocidad de mi pecado, sino también la belleza de tu infinito amor cuando ocupaste mi lugar en el juicio.

Confieso que mi enfoque en la vida, e incluso en la oración, no siempre ha estado dirigido a ti como la única solución a mis problemas y la respuesta a mis necesidades. Confieso que, con frecuencia, he actuado como si fuera alguien y Tú no fueras nadie.

Me arrepiento de eso.

Confieso que, a menudo, me he concentrado tanto en "los demás" que no tengo una visión clara de mí mismo. Ahora me vuelvo a ti y te pido que hagas resplandecer la luz de tu verdad en mi corazón y mis sentimientos, en mi mente y mis pensamientos, para poder verme como Tú me ves y arrepentirme verdadera y genuinamente de mi pecado.

Señor santo, líbrame de todo orgullo, hipocresía y crítica. Enséñame a quitar primero la viga de mi ojo antes de intentar sacar la paja del ojo ajeno. Anhelo que envíes un avivamiento a los corazones de tu pueblo. Que comience aquí, en este instante, conmigo. Quiero experimentar verdaderamente la santidad al reflejarte de adentro hacia afuera.

Por eso, ahora mismo, confieso mi pecado llamándolo por su nombre. Escojo alejarme de él. Elijo arrepentirme.

Por favor, límpiame, lávame hasta que quede limpio, por amor a Jesús.[149] Deseo en lo profundo ser santo como Tú eres santo.[150]

Para la gloria de tu gran nombre..., *Jesús*.
Amén.

# Apéndice

## La primogenitura del creyente

### UNA LISTA DE LAS BENDICIONES EN CRISTO

*De su plenitud todos hemos recibido gracia sobre gracia.*

JUAN 1:16

Hace muchos años, entraron a robar en nuestra casa. Violentaron la puerta delantera y se llevaron todo lo de valor: plata, joyas, cámaras e incluso algunos muebles.

Esa noche, después de hablar con los policías —que me aseguraron que los ladrones regresarían—, me arrastré hasta la cama y me metí bajo las mismas colchas que los delincuentes habían destendido para poder quitarles las fundas a las almohadas y usarlas para trasportar lo robado. Estaba muerta de miedo. Lo único en lo que podía pensar era en las innumerables cosas de las que podía ser despojada: mi casa, a causa de un incendio; mi salud, debido a una enfermedad; mis hijos, por un secuestro; mi esposo, por la muerte; mi reputación, por el chisme… Sentí que mi cuerpo se enfriaba y se ponía rígido, y entendí que estaba entrando en *shock*.

Entonces, Dios comenzó a susurrarle a mi corazón. Yo había estado estudiando el libro de Efesios, así que los dos primeros capítulos me resultaban familiares. El tercer versículo del primer capítulo promete que tenemos "toda bendición espiritual en Cristo".

Entendí que las bendiciones de Dios que llegan a mí a través de Jesús nunca me las podrían robar. Así que comencé a enumerarlas tal como se encuentran en Efesios 1 y 2... y me fui a dormir en paz.

A la mañana siguiente, cuando me levanté, escribí la lista de bendiciones que nadie jamás me podrá quitar. Bendiciones que ningún ladrón puede llevarse.

Quiero compartir contigo esta lista de bendiciones a la que llamo "La primogenitura del creyente". Ruego para que ellas estimulen tu gratitud y alabanza a Aquel de quien proceden todas ellas.

**Somos...**

aceptados: tan aceptados como Jesús lo es para Dios;
bendecidos;
elegidos para pertenecerle a Dios;
liberados del poder del pecado, el yo y Satanás;
iluminados para entender las verdades de Dios;
perdonados de todo pecado pasado, presente y futuro.

**Tenemos...**

gracia: grandes riquezas a expensas de Cristo;
esperanza del cielo;
una herencia reservada en el cielo;
justificación, como si nunca hubiéramos pecado;

conocimiento de Dios;

amor divino;

misericordia: un regalo que no merecemos;

cercanía con Dios;

unidad con Dios;

paz que sobrepasa todo entendimiento;

vida nueva;

redención;

la marca del sello del Espíritu Santo;

unidad con otros creyentes en el Cuerpo de Cristo;

validación: somos auténticos hijos de Dios;

sabiduría;

autoridad para vivir con Él en los lugares celestiales.

# Notas

1. Job 38:4-11.

2. Marcos 4:35-39.

3. Isaías 43:2.

4. Habacuc 2:1.

5. Isaac Watts: "Dios, nuestro apoyo en los pasados siglos", 1719. Dominio público.

6. Hebreos 13:5-6.

7. Joel 2:12-14.

8. Isaías 40:25-26; Salmos 19:4, 6; 139:7-8.

9. Isaías 59:1.

10. Salmos 2:2.

11. Salmos 46:2-3.

12. Salmos 46:6.

13. Salmos 37:14.

14. Basado en el cántico de Moisés, Éxodo 15:1-18.

15. 2 Timoteo 2:21.

16. Habacuc 2:14.

17. Éxodo 3:14.

18. Miqueas 6:8.

19. Éxodo 12:22-23.

20. Salmos 2:1-2.

21. Salmos 46:1-3.

22. Salmos 40:2; 95:1.

23. Filipenses 2:6-11.

24. Juan 14:18.

25. 1 Corintios 13:12.

26. 1 Corintios 10:13.

27. 1 Juan 3:2.

28. Génesis 1:1; Juan 1:1-2.

29. Génesis 2:7.

30. Éxodo 7-12.

31. Éxodo 14:21-22.

32. Josué 6.

33. Daniel 3.

34. Daniel 6.

35. Ezequiel 1:3.

36. Isaías 6:1.

37. Lucas 2:1-16; 2:51-52; Mateo 5:1-12; Juan 19:17-18; 20:1-18; Hechos 1:4-9; Efesios 1:20-23; Hechos 2:1-4.

38. Hebreos 13:8.

39. 2 Timoteo 1:12; Efesios 3:20.

40. 2 Corintios 9:8.

41. Hebreos 2:18.

42. Hebreos 7:25.

43. Filipenses 3:21.

44. Judas 24.

45. 2 Timoteo 1:12.

46. Filipenses 1:6.

47. Génesis 17:1.

48. Josué 5:14.

49. Mateo 28:18.

50. Proverbios 21:1.

51. Apocalipsis 19:15; Efesios 6: 17.

52. Éxodo 14:14.

53. Salmos 108:13.

54. 1 Corintios 15:57.

55. Apocalipsis 1:9-10.

56. Filipenses 3:10.

57. Mateo 5:11-12.

58. Efesios 6:11.

59. Hebreos 12:2.

60. Apocalipsis 12:11.

61. Mateo 7:1–5.

62. Tomé prestada esta analogía de nuestro Pastor como un GPS espiritual de Tony Evans, pastor de Oak Cliff Bible Fellowship en Dallas, Texas.

63. Isaías 53:6.

64. Oseas 14:1-2, 4.

65. Salmos 139.

66. Génesis 16:13.

67. Salmos 139:8-16.

68. Salmos 32:7.

69. Hebreos 13:5.

70. Mateo 28:20.

71. Apocalipsis 22:4.

72. 1 Corintios 13:12.

73. Apocalipsis 21:3.

74. Efesios 6:12.

75. Zacarías 4:6.

76. Apocalipsis 19:11-12.

77. 2 Crónicas 20:6.

78. Juan 15:15.

79. Juan 1:12.

80. Juan 1:12-13; Romanos 8:15; Gálatas 4:6.

81. Éxodo 15:6-7.

82. Nahúm 1:3.

83. 1 Corintios 1:24, 30; Colosenses 2:3.

84. Isaías 55:9.

85. Santiago 1:5.

86. Juan 1:10-11.

87. Hebreos 12:2.

88. Juan 1:9.

89. Hechos 4:12.

90. Juan 1:29.

91. Génesis 1:1, Colosenses 1:16-17.

92. Génesis 1:11-12, 21, 24.

93. Génesis 1:27.

94. Génesis 2:24.

95. Génesis 1:27.

96. Salmos 139:13.

97. Salmos 2.

98. Salmos 40:2.

99. Juan 1:16.

100. Hebreos 4:15.

101. Colosenses 1:18.

102. Efesios 5:23.

103. Apocalipsis 5:12.

104. Colosenses 1:16.

105. Efesios 1:20-23.

106. Mateo 11:28-29; Juan 14:13-14.

107. Hebreos 10:19.

108. Hebreos 10:22.

109. Filipenses 3:10.

110. Apocalipsis 21:22-27.

111. 1 Reyes 18:36-38.

112. Jeremías 9:24.

113. Salmos 90:1.

114. Salmos 100:5; 102:12; 105:8; 119:90; 145:13; Efesios 3:21.

115. Salmos 119:89.

116. Mateo 5:18.

117. 1 Corintios 3:11.

118. Proverbios 1:7.

119. Isaías 60:1-2

120. Deuteronomio 28:1-6.

121. Muchas de estas frases provienen de Colosenses 1:9-12.

122. Muchas de estas frases provienen de Efesios 1:15-18.

123. 2 Timoteo 1:6-8.

124. 1 Timoteo 6:11.

125. Romanos 16:19.

126. Judas 24-25.

127. Oseas 13:14.

128. Hebreos 2:14-15.

129. Juan 16:8-11.

130. Apocalipsis 5:9.

131. Mateo 6:10.

132. Apocalipsis 11:15.

133. Cantar de los cantares 1:3, 4.

134. S1 3:17.

135. Cantar de los cantares 2:4.

136. Isaías 43:2.

137. Salmos 23:4.

138. Cantar de los cantares 2:6.

139. Efesios 3:16.

140. Isaías 66:12.

141. Santiago 1:5.

142. Apocalipsis 3:8.

143. 1 Corintios 1:9.

144. Hechos 26:15-18.

145. Cantar de los cantares 6:10.

146. Cantar de los cantares 7:10.

147. Esta oración está adaptada de *Jesús en mí*. Miami, FL: Origen, 2019, pp. 204-206.

148. Isaías 6:3.

149. 1 Juan 1:9.

150. 1 Pedro 1:15.

# Acerca de la autora

Anne Graham Lotz habla por todo el mundo con la sabiduría y la autoridad que vienen de estudiar la Palabra de Dios durante muchos años. Su padre, Billy Graham, la llamaba "la mejor predicadora de la familia".

El *New York Times* la nombró entre los cinco evangelistas más influyentes de su generación. Sus eventos de avivamiento, denominados "Solo dame Jesús", se han celebrado en más de treinta ciudades de doce países y han asistido miles de personas.

Anne es una premiada autora de diecisiete libros y varios de ellos han sido éxitos de ventas. Es la presidenta de AnGeL Ministries en Raleigh, Carolina del Norte, y fue presidenta del Grupo de Trabajo del Día Nacional de Oración de los Estados Unidos desde 2016 hasta 2017.

Ya sea como delegada en la reunión anual del Foro Económico Mundial, como comentarista en el periódico *The Washington Post* o como oradora revolucionaria en las plataformas de todo el mundo, el objetivo de Anne es muy claro: traer avivamiento al corazón del pueblo de Dios. Y su mensaje es consecuente: invita a las personas a tener una relación personal con Dios por medio de su Palabra.